mein Landleben

Der bäuerliche Gemüsegarten

Selbstversorgung
aus dem eigenen Garten

(Foto: H. Pirker)

Karin Hochegger

Der bäuerliche Gemüsegarten

Selbstversorgung
aus dem eigenen Garten

Impressum

Gestaltung und Satz: Ravenstein + Partner, Verden
Titelfotos: Stefan Körber, fotolia
Zeichnungen: Monika Biermaier
Lektorat: Christine Weidenweber, Weibersbrunn, www.verbene.eu
Druck: Westermann Druck, Zwickau

Deutsche Nationalbibliothek – CIP-Einheitsaufnahme
Die Deutsche Nationalbibliothek verzeichnet diese Publikation in der Deutschen Nationalbibliografie; detaillierte bibliografische Daten sind im Internet über http://dnb.ddb.de abrufbar.

Printed in Germany

ISBN 978-3-8404-3018-3

Inhalt

(Foto: H. Pirker)

Aus dem Erfahrungsschatz der Bäuerinnen

Bäuerinnen sorgen sehr effizient für die Selbstversorgung ihrer Familien. Wenn diese Tradition auch heute nicht mehr lebensnotwendig ist, gepflegt wird sie mancherorts immer noch. Wir können von den praktischen Erfahrungen der Bäuerinnen einiges lernen und übernehmen. Sparsamkeit und der sorgsame Einsatz von Mitteln prägen das bäuerliche Wirtschaften. Das gilt insbesondere auch für den Garten. Hier wird auf kleiner Fläche viel geerntet, mit einfachen Mitteln gestaltet und effizient gearbeitet. Ansteckend ist auch die Begeisterung der Bäuerinnen. Die Botschaft, die in allen Gesprächen und Begegnungen, die ich geführt habe, immer wieder zu hören war, lautet: Der Anbau von eigenem Gemüse macht Freude.

In diesem Buch wird traditionelles Wissen der Bäuerinnen vermittelt und durch neue Erkenntnisse ergänzt, denn nicht alles, was Tradition hat, ist automatisch richtig. Auch Bäuerinnen sind Neuem aufgeschlossen und probieren Permakultur oder den Gemüseanbau in Hochbeeten aus. Dies ergibt neue und oft auch erfolgreiche Zugänge zum Gemüseanbau.

Gartengespräche im Herzen Österreichs

Die befragten Bäuerinnen sind in der Mitte Österreichs, im Salzkammergut und Ennstal, beheimatet. Bauerngärten und Selbstversorgung hat in diesem Gebiet eine kaum unterbrochene Tradition. Die Befragungen und Gespräche bezogen sich nicht auf die speziellen klimatischen Gegebenheiten, sondern waren auf allgemein geltende Praktiken gelenkt. Dieses in der Praxis erworbene Erfahrungswissen der Bäuerinnen kann in Gärten unterschiedlicher Regionen angewandt werden.

Wenn im Folgenden meist von den Bäuerinnen die Rede ist, dann bitte ich alle Gärtner, dies zu verzeihen. Der Bauerngarten ist in erster Linie das Reich der Frauen. Diese Tradition hat sich bislang kaum verändert.

Warum es sich lohnt, einen Gemüsegarten anzulegen

In vielen Gesprächen und Begegnungen wurde deutlich, welche Beweggründe und Motivationen zum Anbau von Gemüse führen.

Gesund Frisches Gemüse kommt ohne lange Transportwege, ohne Kühlung und vor allem auch ohne Spritz- und Düngemittel auf unsere Teller. Gesünder geht es nicht mehr, auch wenn ab und zu eine kleine Schnecke mit dem Salat auf den Tisch gelangt.

Ganzheitlich Die Arbeit im Garten ist umfassend und ganzheitlich, Hände, Kopf und Herz sind im Einsatz. Eine gute Ernte liefert uns nicht nur gesunde Lebensmittel, sondern bereitet uns auch Befriedigung und Freude und verhilft uns zu vielfältigen Sinneserfahrungen.

Biologisch Ein eigener Gemüsegarten ist bio – das ist logisch, denn wer würde sein eigenes Gemüse mit Spritzmitteln oder industriell hergestelltem Kunstdünger behandeln?

Sinnvoll Die Frage nach der Sinnhaftigkeit eines Gemüsegartens beantwortet man am besten mit einem Bündel frisch geernteter Karotten in der Hand oder einer sonnenreifen Tomate im Mund. Die frisch geernteten Früchte, der intensive Geschmack, die leuchtenden Farben, der dazugehörige stolze Gesichtsausdruck der Gärtnerin oder des Gärtners sind der beste Beweis dafür, dass ein Gemüsegarten seine Berechtigung hat, weil er das Leben in vieler Hinsicht bereichert.

Dynamisch Das Gartenjahr ist voller Bewegung und wie ein Lebenslauf im Zeitraffer. Von der Keimung bis zum Verfall, von den ersten zarten Blättchen bis zum Herbststurm, der die Bohnenstangen umweht, unterliegt das Gartenjahr einer ständigen Veränderung. Arbeiten wir mit dieser Dynamik, so ergibt sich ein harmonisches Miteinander, arbeiten wir dagegen, wird es meist mühsam.

Lebendig Keimen, wachsen, blühen – das Pflanzenleben in einem Garten steckt voller Lebenskraft. Aber auch die ersten Schnecken am Salat, die Bienen und Hummeln, die Kürbisse und Zucchini bestäuben, oder die Distelfinken, die sich an stehen gebliebenen Distelsamen gütlich tun, zeigen uns: Der Gemüsegarten lebt, ob es uns passt oder nicht.

Lehrreich Jedes Jahr im Garten schenkt uns neue Eindrücke: eine ungewöhnliche Blütenfarbe, eine Pflanze, die auf rätselhafte Weise den Platz gewechselt hat, verschwundene Kartoffeln, angefressene Blätter, wobei jede Spur von Verdächtigen zu fehlen scheint. Und der Garten bringt auch Selbsterkenntnis: Die Ungeduldigen müssen sich gedulden, die Gierigen müssen mit den Schnecken teilen, und die Faulen müssen einsehen, dass sich bei der Gartenarbeit manches nicht verschieben lässt.

Der Garten steckt voller Überaschungen.
(Foto: K. Hochegger)

Archaisch Noch immer werden im Garten uralte Praktiken ausgeübt, beispielsweise die Aussaat mit der Hand, die seit dem Beginn von Ackerbau und Sesshaftwerdung unverändert und universell sind. Egal ob in Afrika oder in Mitteleuropa, egal ob heute oder vor 3000 Jahren – im Garten sind wir alle gleich. Wir säen, pflegen und ernten.

(Foto: K. Hochegger)

Beste Voraussetzungen

Gemüse am richtigen Platz

Meist ergibt sich die Anlage eines Gemüsegartens oder Gemüsebeets aus den Gegebenheiten des Grundstücks. Von den Gemüsegärten der Bäuerinnen lässt sich einiges für die eigene Gartenanlage lernen. Auffällig ist, wie schön alte Bauernhäuser mit den bunten Gärten harmonieren.

In Hausnähe dominieren oft die Blumen, der Nutzgarten findet sich an geeigneter Stelle vor oder auch hinter dem Haus.

Wertvolles Gut: Der Boden

Vor allem der Boden beeinflusst maßgeblich das Gedeihen der Gartenpflanzen:

Verdichtete Böden, wie sie beispielsweise nach dem Hausbau vorzufinden sind, können nur mit viel Aufwand in ein produktives Gemüsebeet umgewandelt werden. Allerdings kann ein Hochbeet hier Abhilfe schaffen.

Staunasse Böden, auf denen nach dem Regen immer Wasser steht, sind ebenfalls ungeeignet für die Gemüseproduktion, es sei denn, man arbeitet mit erhöhten Beeten.

Ein fruchtbarer Gartenboden ist die Grundlage für den Gemüseanbau. (Foto: Cornelia Pithart, fotolia)

Gute Lage – die Mauer schützt das Gemüsebeet. (Foto: H. Pirker)

Sandige, schottrige Böden müssen durch Humus und Kompost verbessert werden.

Es zahlt sich daher aus, vor der Anlage des Gartens mit einem Spaten bewaffnet das Gelände zu erkunden und den Boden genau in Augenschein zu nehmen (siehe Kapitel Bodenvorbereitung).

Was gar nicht geht

Bei der Neuanlage eines Gartens gibt es meistens verschiedene Möglichkeiten. Bevor man sich über die „Für und Wider" den Kopf zerbricht, ist es für den Einstieg am einfachsten, zu überlegen, wo der Gemüsegarten auf keinen Fall hinkommen soll.

Vor allem sollte ein Gemüsegarten nicht gerade in der windigsten Ecke des Gartens angelegt werden, es sei denn, man macht aus der Not eine Tugend und baut einen Windschutz durch Matten, Hecken oder Mauern, wie sie oft in englischen Küchengärten zu finden sind. Da vor allem der Mauerbau jedoch sehr aufwendig ist, wird sich die Suche nach einem windgeschützten Plätzchen auszahlen.

Für Gemüse nicht geeignet

- Kein Gemüse an den Nordrand von Hecken, Häusern, Schuppen oder sonstigen Sonnenhindernissen setzen. Gemüse soll kräftig wachsen und gedeihen und benötigt volles Sonnenlicht, zumindest für einige Stunden am Tag. Gegen ein wenig Schatten am Abend oder in der Früh ist hingegen nichts einzuwenden.
- Gemüse nicht neben Thujenhecken anbauen, denn die Nachbarschaft von Thujen hemmt das Wachstum.
- Unter Bäumen ist die Wurzelkonkurrenz für Gemüse zu groß und der Lichtmangel lässt Pflanzen kümmern.
- Gemüse ist am bevorzugten Fußballfeld und Spielbereich der anderen Familienmitglieder erheblich gefährdet!
- In sumpfigen Gartenecken gedeiht kein Gemüse.

Wichtig für die Planung

- Bodenverhältnisse, Kleinklima, Sonnenstand, Wind
- Bewässerungsmöglichkeiten
- Nähe zu Küche und Terrasse
- Konkurrenz mit anderen Gartennutzungen (Ballspiele, Aufhängen von Wäsche, Sitzplätze)

Gartengröße, Form und Anlage

Neueren Studien über Bauerngärten zufolge liegt die Gartengröße von produktiven Gärten, die zur Versorgung von Frischgemüse während der Sommermonate dienen sollen, zwischen 35 m² und 65 m². Für die Selbstversorgung mit Frisch- und Lagergemüse ist mit etwa 70 m² pro Person zu rechnen. Die klassischen Bauerngärten verfügen außerdem auch über Blumenbeete und Kräuterbeete. Für den ehrgeizigen Einsteiger in Gemüsebau und Selbstversorgung ist ein erweiterbarer Gemüsegarten empfehlenswert. Klein anfzuangen und nach und nach zu erweitern, erscheint auch aus eigener Erfahrung empfehlenswert. Auch die Freude soll in einem Garten kultiviert werden, und dies gelingt am besten, wenn die Gartenarbeit überschaubar bleibt und nicht zur zusätzlichen Belastung wird.

Gartenpflege

Die Angaben über die nötige Zeit zur Gartenpflege variieren stark und hängen sehr vom Können und Temperament von Gärtnerin und Gärtner ab. Verträumte Perfektionisten werden länger brauchen als effiziente Praktiker. Ein ebenfalls aus den Bauerngärten gewonnener Durchschnittswert kann mit etwa vier Wochenstunden für 30 m² angegeben werden, wobei im Frühling und Herbst für Pflanzung und Ernte kurzfristig mehr Arbeit anfällt, als während der Wachstumszeit.

Verschiedene Beetformen und Wege

Grundsätzlich gibt es zwei unterschiedliche Gemüsegartentypen: Der flächige Garten hat höchstens einen befestigten Weg, beim Garten mit Beetanlagen sind mehrere Einzelbeete durch Wege getrennt.

Um den Boden nicht zu stark zu verdichten, findet man in Bauerngärten häufig Trittbretter zwischen den Beeten. Die Bretter verteilen das Gewicht und verdichten den Boden daher weniger. Bei Regen sind die Bretter allerdings rutschig, und außerdem verstecken sich die Schnecken dort gern, was aber wiederum das Einsammeln erleichtern kann.

Wege sollen im Gemüsegarten geradlinig und direkt angelegt sein. Tritt- beziehungsweise Erdwege zwischen den Beeten sollten 20–30 cm breit sein, befestigte Wege 40–70 cm, je nachdem, ob eine Schubkarre Platz haben soll oder nicht. Zum bequemen Abstellen einer Schubkarre benötigt man 1 m².

Der flächige Garten

Die meisten Bauerngärten sind flächig angelegt. Eine größere Fläche wird im Ganzen umgegraben, kleine Trittwege werden mit Brettern ausgelegt oder bleiben als Erdwege zwischen den Beeten. Der Garten wird im Frühjahr und Herbst flächig bearbeitet. Ganzjährige Pflanzungen wie Kräuter- oder Blumenbeete sind in einem getrennten Bereich, zum Beispiel als Umgrenzung, gepflanzt. Der Vorteil dieses Gemüsegartentyps ist die Möglichkeit der flächigen Bearbeitung. So kann beispielsweise im Herbst der Mist auf der ganzen Fläche verteilt werden. Es geht kaum Platz für die Wege verloren, und es wird kein Material für Weganlagen benötigt. Der Nachteil dieses Gartentyps ist die zumindest zeitweise schlechte Begehbarkeit und eine Beetfläche, die auf einmal zu bearbeiten ist. Die Beetfläche beträgt bei vielen Gärten durchschnittlich 10–15 m² ohne Weg und 20–30 m² mit einem Weg, der den Garten in zwei Hälften teilt.

Der Garten mit Beetanlagen

Der Garten mit Beetanlagen ist aufwendiger in der Grundgestaltung. Beete und Wege werden getrennt voneinander angelegt. Holzbretter, Ziegel, Steine, lebendige Beeteinfassungen durch kleine Buchs- oder Kräuterhecken oder Rasenkanten dienen als Abgrenzung. Die Beete sind oft leicht erhöht angelegt und die Wege befestigt und gut begehbar. Die Beete dür-

In der Anlage aufwendig, in der späteren Bearbeitung einfach – ein Garten mit Beetanlagen. (Foto: K. Hochegger)

Flächig angelegter Garten mit einem Mittelweg.

fen bei diesem Gartentyp nicht breiter als 1,20 m angelegt werden (so sind sie von beiden Seiten noch gut zu bearbeiten). Die Länge und Anordnung der Beete darf sich ganz nach dem Grundstück und den Wünschen und Vorstellungen der Gärtner richten. Im einfachsten Fall kann dies ein mit Holzbrettern eingefasstes, leicht erhöhtes Beet im Rasen, nahe beim Haus sein. Oder aber eine geometrisch angeordnete Anlage mehrerer Beete, die einen repräsentativen Gemüsegarten darstellen.

Umgrenzte Gartenbeete mit Wegen oder im Rasen eingebettet.

Boden, Humus und Kompost

Der Boden ist kein lebloser Untergrund oder einfach nur Erdreich, sondern ein lebendiges System. Er bildet die Grundlage eines produktiven Gartens.

Der Boden ist ein dynamisches System von Auf-, Ab- und Umbau. Er unterliegt ständigen Veränderungen.

Regenwürmer und Bodenlebewesen sind die wichtigsten Partner des Gärtners in der Bodenpflege.

Der Gartenboden ist vergleichbar mit einem Fingerabdruck, kein Gartenboden gleicht dem anderen, jeder stellt eine ganz individuelle Einheit dar.

Im Humusaufbau liegt die Bodenfruchtbarkeit. Nur ein humusreicher Gartenboden wird längerfristig gute Erträge und gesunde Pflanzen hervorbringen. Nur der Waldboden in einem naturnahen Mischwald baut mit der Zeit mehr Humus auf, als er verbraucht. Acker- und Grünlandböden bauen Humus ab, wenn sie mit Mineraldünger oder schlecht verrottetem Stallmist gedüngt werden. Der Aufbau von Humus ist daher für jeden Gärtner das wichtigste Ziel.

Humusaufbau bringt für jeden Bodentyp Verbesserungen. Sandige Böden verbessern ihre Wasserhaltekapazität und ihren Nährstoffgehalt. Schwere, lehmige Böden verbessern ihre Struktur und die Durchlüftung.

Erde ist voller Leben und Grundstoff zum Wachsen. (Foto: Ingo Bartussek, fotolia)

Spaten und Grabegabel sollten der Größe des Benutzers angepasst sein. (Foto: Karola Warsinsky, fotolia)

Was ist Humus?

Wer schon einmal reifen alten Kompost oder gute Walderde gerochen und zwischen den Fingern gerieben hat, der kennt die äußere Erscheinungsform von Humus. Er ist dunkel, riecht gut, in der Hand wirkt er feinkrümelig, nicht klebrig und nicht sandig. Humus entsteht durch die Auflösung von Bodenmineralien und toter organischer Substanz wie beispielsweise Blätter von Bäumen. Die Stoffe werden zersetzt und in weiterer Folge zu neuen Verbindungen umgebaut. Humus besteht aus einer Vielzahl komplexer Verbindungen, die in ständiger Umwandlung begriffen sind. Humus ist daher nichts Statisches, kein Endprodukt, sondern in dauernder Verwandlung begriffen.

Bodenerhaltung durch Bodenpflege

Die Beschaffenheit eines Bodens ist recht unterschiedlich. Um nun eine gute Bodenstruktur zu erhalten, ist deshalb auch eine besondere Pflege und Bearbeitung nötig. Fast nebenbei werden durch die Bodenpflege Wurzelunkräuter reduziert und ein feinkrümeliges Saatbeet geschaffen.

Grundregeln der Bodenpflege

- Leichte Böden mit einem hohen Sandanteil oder bereits länger bewirtschaftete und gut durchlüftete Böden werden nur mit der Grabegabel gelockert und nicht umgegraben. Dabei bleibt der natürliche Bodenaufbau ungestört, und die Humusschicht wird nicht untergraben.
- Mittelschwere bis schwere Lehm- und Tonböden hingegen müssen je nach Verdichtungsgrad regelmäßig gelockert werden. Dabei sollte vor allem darauf geachtet werden, dass der Boden zumindest einmal im Jahr tiefgründig bearbeitet wird (bis zu 50 cm). Bei einer oberflächlichen Lockerung von 10–15 cm bleibt oftmals ein verdichteter Horizont in 20 cm Bodentiefe bestehen und behindert die Durchwurzelung. Vorteilhaft ist eine anfängliche tiefe Lockerung und dann, je nach Schwere des Bodens, regelmäßiges Umgraben im Herbst oder Lockerung mit der Grabegabel.
- Schwere Böden mit einem hohen Tonanteil müssen regelmäßig umgegraben, gut durchlüftet und mit organischem Material durchmischt werden. Eine Beimengung von Sand verbessert ebenfalls das Bodengefüge.

Aus der Praxis: Kompostwirtschaft bei Familie Feuchter

(Foto: F. Feuchter)

Sonja und Franz Feuchter bewirtschaften einen Biobauernhof im Salzkammergut. Sie betreiben seit 1987 biologische Landwirtschaft, aufgebaut auf Kompostwirtschaft. Franz Feuchter hat über viele Jahre hinweg mit optimaler Kompostzubereitung für Land- und Gartenwirtschaft experimentiert und eine eigene Maschine zum Umbauen (Durchmischen) großer Mengen an Stallmist konstruiert. Er ist heute ein profunder Kenner des Kompostierungsprozesses. Der Kompost wird auch in dem Selbstversorgergarten und auch in einem kleinen Glasgewächshaus eingesetzt. Es ist erstaunlich, wie sich die Kompostwirtschaft auf den Anbau von Zier- und Nutzpflanzen auswirkt, berichtet das Ehepaar Feuchter. Gesunde und ertragreiche Kartoffeln werden bereits über mehrere Jahre hinweg auf demselben Platz angebaut, ohne dass der Ertrag darunter leidet oder vermehrt Krankheiten und Schädlinge auftreten. Und selbst in dem kleinen Glashaus, in dem jährlich Tomaten am gleichen Platz kultiviert werden, treten kaum Krankheiten auf. Dass auch die Balkonblumen im selbst hergestellten Kompost wachsen, ist selbstverständlich. Sie blühen und gedeihen den ganzen Sommer über ohne Düngung.

Im Garten der Familie Feuchter ist mittlerweile keine Bodenbearbeitung mehr nötig; im Herbst wird alles abgeerntet und der Boden mit Kompost abgedeckt; im Frühjahr wird mit der Grabegabel leicht gelockert und für die Aussaat und Pflanzung vorbereitet. Die Ernte fällt immer gut aus, selbst in trockenen Jahren, und das Gemüse hat einen intensiven Geschmack.

Feuchtigkeit bewahren

Bei Trockenheit verkrustet die Erde in den Gärten häufig und bildet Risse, doch mit einer guten Kompostwirtschaft ist das nicht der Fall. Die Erde hält genug Feuchtigkeit, sodass noch nicht einmal gegossen werden muss, weiß Sonja Feuchter zu berichten.

Bodenaufbau mit Kompost

Mit gutem Kompost kann jeder Gartenboden im Laufe einiger Jahre in fruchtbares Gartenland umgewandelt werden. Wenn das Bodenleben einmal aufgebaut ist, benötigt der Boden kein Umgraben, keine Düngergaben, es geht weniger Unkraut auf, denn bei richtiger Kompostierung werden die Samen unschädlich gemacht, und der Wasserhaushalt regelt sich selbstständig.

Selbst starke Regenfälle werden vom Boden aufgenommen, bei Trockenheit kann dagegen die Feuchtigkeit gehalten und bewahrt werden. Jährliche Kompostgaben, die man oberflächlich einarbeitet, und das Lockern mit der Grabegabel sind ausreichend als Bodenpflegemaßnahme. Krankheiten und Schädlinge sind in dem Garten der Feuchters kein Problem, selbst bei enger Fruchtfolge gedeihen die Kartoffeln ohne Kraut- und Knollenfäule.

Franz Feuchter prüft die Qualität seines Komposts anhand des Geruchs. (Foto: J. Korber)

Kompostbereitung, leicht gemacht

So gelingt der Kompost

- Sammeln Sie die anfallenden Abfälle im Lauf des Gartenjahrs auf verschiedenen Haufen: Laub, Zweige, Grasschnitt (nur in kleiner Menge, das Gras darf nicht faulen), Heckenschnitt, Stroh, Heu, Küchenabfälle, Tiermist.
- Nun muss ein Platz für den Komposthaufen ausgewählt werden. Ist der Platz feucht, schüttet man zuunterst Stroh, Reisig oder Zweigmaterial auf. In weiterer Folge wird das vorhandene Material aufgeschichtet; zwischen die Lagen streut man immer wieder Erde (ideal ist lehmige Erde) und Gesteinsmehl ein. Zuletzt soll der Haufen zwischen 1–1,5 m hoch sein.
- Eine Abdeckung, die luftdurchlässig ist, aber Licht und Wasser abhält, fördert den Kompostierungsprozess. Franz Feuchter arbeitet nur mit Kompostvlies und ist überzeugt, dass dadurch bessere Ergebnisse zu erzielen sind. Kompostvliese sind im Fachhandel erhältlich.
- Nach der Aufschichtung und Abdeckung beginnt der Rotteprozess, bei dem im Inneren des Komposthaufens

Wärme entwickelt wird. Um die vollständige Kompostierung der Außenschichten auch zu gewährleisten und um den Kompostierungsprozess durch die Zufuhr von Luft anzuregen, wird der Haufen einmal umgesetzt. Dabei kommt das Material von außen nach innen, und der Kompost beginnt sich nochmals neu zu erwärmen. Das Umsetzen ist nach drei bis fünf Wochen empfehlenswert.

Nach zwei bis sechs Monaten erhält man Frischkompost, nach sechs bis zwölf Monaten Reifkompost. Frischkompost wirkt stärker düngend und sollte nur im Frühjahr auf Beete mit Kulturen mit hohem Nährstoffbedarf aufgebracht werden. Reifkompost kann jederzeit als Bodenverbesserungsmittel eingesetzt werden.

Um festzustellen, ob der Kompost fertig ist, führt man am besten einen Kressetest durch. Kresse keimt besonders schnell und reagiert sensibel auf unfertigen Kompost.

Kressetest

Die Kresse in einer Schale auf einer dünnen (3–5 cm) Kompostschicht aussäen. Laufen im Kompost noch Abbauprozesse ab, keimt die Kresse nicht gut; hat sich nach etwa sieben Tagen ein dichter grüner Kresseteppich entwickelt, kann die Komposterde überall im Garten verwendet werden.

Komposthaufen mit schichtweisem Aufbau.

Temperatur im Kompost Es ist nicht immer ganz einfach festzustellen, ob der Kompost die richtige Temperatur hat, damit der Rotteprozess, der durch eine ansteigende Temperatur angezeigt wird, auch ablaufen kann. Franz Feuchter erspart sich jedoch Thermometer und aufwendiges Messen. Er prüft die Temperatur mit der Hand. Er greift in den Komposthaufen, und wenn er die herrschende Temperatur für etwa drei Sekunden aushält, weiß er, dass im Komposthaufen 60–65 °C herrschen, und das ist optimal. 40 °C fühlen sich ebenfalls heiß an, aber man kann die Hand ohne Weiteres längere Zeit im Komposthaufen halten. Ist die Wärme unerträglich, dann ist der Kompost zu heiß und damit steril, doch das passiert im Hausgarten äußerst selten. Bei Temperaturen über 65 °C sterben auch die Kompostbakterien ab. Der Kompost müsste gelüftet und gekühlt werden. Spürt man nur wenig Wärme in der Hand, sollte der Kompost neu aufgesetzt und der Rotteprozess durch Beigabe von unfertigem Kompost, feuchtem Laub oder Tiermistgaben verbessert werden.

Die Konsistenz prüfen Franz Feuchter rät, eine Handvoll Kompost fest zusammenzudrücken: Ist er zu feucht, beginnt er zu tropfen; ist er zu trocken, beginnt er zu bröseln. Hat der Kompost die richtige Konsistenz, lässt er sich zu Knödeln formen. Damit zu trockener Kompost feuchter wird, gießt man ihn. Zu feuchten Kompost muss man unter Beimischung von trockenem Material wie Heu und Stroh neu aufsetzen und abdecken.

Richtig durchfeuchteter Kompost lässt sich gut zu Kugeln formen. (Foto: J. Korber)

Luft im Komposthaufen Ohne Luftzufuhr verfault der Kompost, anstatt zu verrotten; er beginnt zu stinken. Die Beimischung von grobem Material ist hilfreich, damit der Haufen nicht zu dicht gepackt wird. Fängt der Kompost zu stinken an, sollte er umgesetzt und dabei grobes Material eingearbeitet werden. Das grobe Material bleibt manchmal auch im fertigen Kompost erhalten, muss aber nicht unbedingt ausgesiebt werden. Sonja Feuchter siebt ihren Kompost nicht. Damit gelangen zwar auch grobe Stängel oder Zweige in den Garten, die jedoch als Mulchmaterial den Boden bedecken. Sollten sie stören, entfernt man die groben Teile mit dem Rechen. Nur wer viel Astmaterial kompostiert, sollte einen Häcksler und ein Sieb verwenden.

Kompostwirtschaft ohne Humus – das geht nach Ansicht von Franz Feuchter nicht. Das Düngen mit Mineraldünger wirkt sich negativ auf das Bodenleben aus und bedeutet längerfristig sogar einen Humusabbau. Biologisch erzeugten Kompost kann man auch kaufen, wenn der Platz zum Selbstherstellen fehlt. Allerdings gilt es zu bedenken, dass bei der Kompostierung eigener Gartenabfälle dem Garten genau das wieder zugeführt wird, was ihm entnommen wurde. Gute Kompostwirtschaft ist also mindestens der halbe Erfolg bei der Gartenbewirtschaftung.

Kompostierbares und nicht Kompostierbares

Franz Feuchter hat immer wieder mit dem Kompostieren experimentiert. Einmal hat er sogar eine Jeans im Kern des Komposthaufens vergraben. Von der Hose blieben nur der Reißverschluss und die Nieten übrig. Franz Feuchter ist überzeugt, dass auch kranke Pflanzen durch den Rotteprozess in hygienischen Kompost umgewandelt werden. Für alle Anfänger in der Kompostwirtschaft empfiehlt es sich aber, den Komposthaufen erst einmal mit den klassischen Gartenabfällen anzulegen.

Kompostierbares

- Äste und Zweige fingerdick (dickere sollten gehäckselt werden)
- Holzasche in kleinen Mengen (zu viel Holzasche vertreibt die Kompostwürmer)
- Zerkleinerte Eierschalen (gut für die Regenwürmer)
- Die meisten Küchenabfälle
- Laub
- Tiermist
- Rasenschnitt (nur in kleiner Menge und am besten vorgetrocknet)
- Heu und Stroh in kleinen Mengen, am besten in Kombination mit Tiermist
- Sägemehl (nur in kleineren Mengen kompostieren)

Tiermist, insbesondere Rindermist, eignet sich sehr gut zum Kompostieren – das Verhältnis von Stickstoff und Kohlenstoff ist hier ganz besonders ausgewogen. Wer keinen Tiermist zur Verfügung hat, kann auch mit Küchenabfällen, Laub und getrocknetem Rasenschnitt gute Erfolge erzielen. Das sorgfältige Mischen und Aufsetzen ist dabei allerdings umso wichtiger.

Nicht Kompostierbares

- Gekochte ölige Speisereste
- Fleisch und Fischreste
- Größere Mengen an gespritzten Schalen von Zitrusfrüchten
- Behandeltes Holz
- Staubsaugerbeutel
- Katzenstreu
- Schnittgut von Thujenhecken

Neuanlage eines Gemüsebeets

Sonja Feuchter hat ihren ersten Garten angelegt, indem sie eine Schicht von 20 cm reifem Kompost auf den Rasen aufgebracht hat. Das hat zwar funktioniert, heute rät sie aber zum Entfernen (und Kompostieren) der Grasnarbe. Der Boden wird leicht gelockert, dann gibt man 20 cm Kompost darauf. Das sollte für den Anfang genügen. Als erste Frucht bei der Neuanlage eines Gemüsebeets empfiehlt Sonja Feuchter Kartoffeln, die sich zur Bodenaufbereitung besonders gut eignen. Sie gelten auch als sogenannte Gesundungsfrucht bei Bodenmüdigkeit.

Wer ein Beet anlegen will, sollte schon im Frühherbst mit der Kompostierung beginnen. Entweder kann die Grasnarbe entfernt und kompostiert werden, oder aber der Boden wird im Herbst dicht abgedeckt, beispielsweise mit Pappe, sodass die Grasnarbe abstirbt. Diese Methode stammt aus der Permakultur und ist sehr effektiv (siehe Seite 28). Auf die Pappe kommt 20 cm Kompost, eventuell auch Laub und Grasschnitt. Im Frühling sollte das Beet dann fertig für die Bepflanzung sein. Im ersten Jahr empfiehlt es sich, Kartoffeln oder Kürbisse, also Starkzehrer mit einem hohen Nährstoffbedarf, zu setzen und den Boden gut zu mulchen.

Sonja Feuchter beim Lockern eines Gartenbeets. (Foto: J. Korber)

Schwarzes Gold

Sorgfältig hergestellter Kompost ist das Wertvollste, was wir als Dünger verwenden können. Er weist neben den Hauptnährstoffen einen hohen Gehalt an Spurenelementen, Mikroorganismen und organischen Verbindungen auf, und das wirkt sich positiv auf die Abwehrkräfte der Pflanzen aus. Die Nährstoffe liegen hauptsächlich in schwer löslicher Form vor. Reifer Kompost (ab acht Monaten bis zu zwei Jahren) ist besonders gut für die Bodenstruktur. Die Nährstoffzusammensetzung von Kompost unterliegt großen Schwankungen, wobei im ersten Jahr nur ein geringer Teil (circa 20 Prozent) pflanzenverfügbar ist. Die Aufbringmenge kann je nach Nährstoffbedarf des Gemüses von 8 l (Starkzehrer) bis zu 3 l/m² (Schwachzehrer) betragen. Allgemein wird geraten, die Kompostgaben eher am unteren Limit zu halten. Ein Küchengefäß, das 1 l fasst, hilft dabei, die Mengen abzuschätzen.

Ein gut aufgeschichteter Komposthaufen. (Foto: Floramedia)

Kalter Kompost

Kompostbereitung hat keine Tradition in der bäuerlichen Gartenwirtschaft. Durch den reichlich vorhandenen Tiermist war im Garten immer für Dünger gesorgt. Die Abfälle aus der Küche wurden für Schweine oder Hühner als Futter verwendet, Ernterückstände aus dem Garten konnten auch am Misthaufen entsorgt werden. Für den Hausgarten ohne Tierhaltung und anfallenden Tiermist ist die Kompostierung sehr wesentlich, allerdings auch etwas schwieriger. Beigaben aus Tiermist beschleunigen den Rotteprozess und erhöhen den Nährstoffgehalt des Komposts.

Sehr oft sind in Gärten Komposthaufen zu beobachten, die in Mieten (aus Plastik oder Holz) angelegt werden. Hierbei wird immer wieder Material aufgeschichtet, und dann ruht der Haufen eine längere Zeit, während daneben ein neuer Haufen angelegt wird. In ungünstigen Fällen fault ein derart angelegter Komposthaufen stark, er stinkt und ist wässrig und feucht in der Konsistenz. In günstigen Fällen, wenn die Materialmischung gut ist und der Kompostplatz nicht zu stark durch den Regen durchfeuchtet werden kann, entwickelt sich hier auch mithilfe von Regenwürmern Kompost. Einen Rotteprozess hat dieser Kompost allerdings nicht durchlaufen, er wird deshalb kalter Kompost genannt. Unkrautsamen und Krankheiten werden nicht unschädlich gemacht. Für den Aufbau von Humus kann aber auch der kalte Kompost gute Dienste leisten.

Fruchtbarkeit durch Nachhaltigkeit – verschiedene Bodenbearbeitungstechniken

Die Gartenliteratur und die Geschichte des Gartenbaus ist immer auch eine Geschichte der Bodenbearbeitung. Unterschiedliche Strömungen und Praktiken haben dabei ihren Einfluss hinterlassen.

Französische Intensivkultur Entwickelt wurde diese Anbautechnik Ende des 19. Jahrhunderts in der Nähe von Paris. In etwa 50 cm tief ausgehobenen Gräben, die mit Pferdedung gefüllt wurden (erzeugte Wärme, brachte Nährstoffe und war gut verfügbar), wurde Gemüse in dichten Reihen gepflanzt und im Frühling und Herbst mit Glasglocken vor kalter Witterung geschützt. Auf diese Weise konnte die Ernte vervielfacht werden. Diese Anbautechnik wurde im 20 Jahrhundert nach Amerika gebracht, wo sie heute als „biointensive gardening" bekannt ist.

Biointensive Gardening Diese Methode wurde von Alan Chadwick, einem Schüler von Rudolf Steiner, entwickelt. Chadwick vereinigte Elemente der biologisch-dynamischen Landwirtschaft mit der Technik der französischen Intensivkulturen und eigenen Erfahrungen. Charakteristisch ist dabei eine intensive Bodenbearbeitung: Die Beete werden in zwei Schichten, also doppelt, umgegraben. Eine Spatentiefe, etwa 30 cm, wird der Boden ausgehoben, darunter wird auf ungefähr 30 cm mit der Stechgabel stark gelockert, aber nicht mehr umgebrochen. Der Boden wird bis in eine Tiefe von 60 cm belüftet und bearbeitet. Einmal jährlich soll die Maßnahme durchgeführt werden, solange der Boden es benötigt. Eine Bodenverbesserung wird daneben auch erzielt. Mischkultur, dichtes Pflanzen, Verwendung von samenfesten Sorten und Kreislaufwirtschaft kennzeichnen diese Gartenbaupraxis.

Peter Chans chinesischer Gemüsegarten Die Methode kommt aus der Tradition und Gegend Südchinas und wurde Ende des letzten Jahrhunderts in Amerika verbreitet. Auch Marie-Luise Kreuter nimmt in ihrem Standardwerk über den Biogarten darauf Bezug. Die Methode von Chan beruht ebenfalls auf Bodenlockerung. Die Beete werden tief umgegraben, der Boden mit Kompost und organischem Material angereichert und zu sanften, etwa 15 cm hohen Hügeln geformt. Auf der Kuppe sind die Beete ungefähr 90 cm breit, am Fuß an die 1,25 m, sodass eine kleine

Der Sinn des Umgrabens wird immer wieder diskutiert. (Foto: Kzenon, fotolia)

Schrägfläche entsteht. Derartig vorbereitete Böden bieten bessere Wachstumsbedingungen als Flachbeete. Wurzeln können sich besser ausbreiten, Wasser läuft schneller ab, und der Boden erwärmt sich leichter.

Bodenbearbeitung in der Tradition der Bauerngärten Österreichs und Deutschlands

Traditionell wurde in unseren Regionen vor allem der Winter durch die sogenannte Frostgare zur Verbesserung der Bodenstruktur sowie Tiermist als Dünger genutzt. Bei der Frostgare bleibt der Boden grobschollig umgegraben über den Winter liegen. Die entstehenden Eiskristalle dehnen Spalten und Fugen und entwässern den Boden bis zu einem gewissen Grad. Schwere, feuchte Böden werden durch diese Methode feinkrümeliger. Allerdings kommt es durch das Umbrechen zur Beschleunigung von Abbauprozessen im Boden und damit längerfristig zum Abbau von Humus. Zusätzlich wurden die Böden der Bauerngärten daher mit gut verrottetem Mist jährlich gedüngt und damit eine anhaltende Bodenfruchtbarkeit gewährt. Noch heute werden viele Bauerngärten mithilfe des meist reichlich vorhandenen Stallmists stark gedüngt. Die Notwendigkeit für eine nachhaltige Bodenverbesserung durch Mulchen oder Kompostwirtschaft besteht daher nicht. Die Auswaschung von Nährstoffen, vor allem wenn der Mist im Herbst ausgebracht wird, und eine Überdüngung ergeben Probleme, die heute etwas kritisch zu hinterfragen sind. Wird zu viel nicht kompostierter Mist ausgebracht, kann das zu einer Reihe von Krankheiten im Garten führen. Viele Bäuerinnen gehen deshalb auch neue Wege und widmen sich zum Beispiel der Permakultur, deren ganzheitlicher Ansatzpunkt auch im bäuerlichen Gemüsegarten zu finden ist.

Permakultur

Permakultur bemüht sich um eine ganzheitliche Herangehensweise an den Gartenbau. Der Begriff „Permakultur" wurde 1978 von dem australischen Ökologen Bill Mollison geprägt, und es geht dabei weniger um genaue Anleitungen, sondern vielmehr um einen philosophischen Zugang zur Gartenplanung. Ganz essenziell ist dabei die Nutzung des Naturpotenzials. Ein Modell zur Bodenvorbereitung aus dem Konzept der Permakultur ist der „No-dig-Garden", in dem nie umgegraben wird. Auf die bestehende Grasnarbe werden verschiedene Schichten von Zeitungspapier, Stroh und Dünger aufgebracht, mit Erde abgedeckt und bepflanzt. Seitlich wird mit unterschiedlichen Materialien wie Holzbrettern oder Ziegelsteinen eine Begrenzung hergestellt. So kann innerhalb kürzester Zeit ein Gartenbeet entstehen. Die Grasnarbe stirbt ab, und mit der Zeit und weiteren Kompostgaben wird das Beet tiefgründig.

Die Kräuterspirale wurde ursprünglich in der Permakultur entwickelt. (Foto: Floramedia)

Nach dem Aufgang muss vereinzelt werden, damit die Pflanzen Platz zum Wachsen haben. (Foto: Heike Rau, fotolia)

Hügelbeete und Hochbeete

Im Gegensatz zu den Anbaumethoden, bei denen der vorhandene Boden tiefgründig gelockert und verbessert wird, arbeiten Hügel- und Hochbeete mit dem Aufbau von Material auf den vorhandenen Boden.

Das Hügelbeet

Ausgehend von den leicht erhöhten Hügelbeeten aus der chinesischen Tradition wurde diese Anbauform in Deutschland in den 1960er Jahren von Hermann Andrä und Hans Beba weiterentwickelt. Hügelbeete bewähren sich vor allem dort, wo der Gartenboden stark verdichtet, vernässt oder aus anderen Gründen nicht zur Beetanlage geeignet ist. Mit einem intensiven Arbeitsaufwand beim Aufbau kann das Hügelbeet dann nach fünf bis sechs Jahren in ein erhöhtes Beet mit guter fruchtbarer Erde umgewandelt oder neu aufgebaut werden. In den ersten drei Jahren besteht ein Wärmeeffekt, da im Inneren Abbauvorgänge Wärme erzeugen. Das Hügelbeet eignet sich daher anfangs besonders für wärmeliebende Gemüsearten. Im Hochsommer besteht die Gefahr des Austrocknens, da das Wasser rasch versickert. Die Seitenflächen des Hügels sind nicht ganz leicht zu bepflanzen, denn die Erde neigt zum Rutschen. Hier ist schon ein wenig Können und Gefühl nötig.

Anlage eines Hügelbeets nach Beba und Andrä

Breite: 1,50–1,80 m
Länge: mindestens 2–4 m
Ausrichtung: Nord-Süd bringt eine gleichmäßige Besonnung, Ost-West im Beet bringt einen besonders warmen „Südhang"
Vorgehensweise: Das Beet ausmessen, Erde 15–30 cm tief ausheben, Grassoden und Mutterboden aufheben, Äste und Reisig in der Mitte zu einem flach gerundeten Haufen etwa 20 cm hoch aufschichten. Darauf kommen die Grassoden mit dem Grün nach unten, dann wird Erde darüber gestreut und festgeklopft. Nun mischt man eine 25 cm Schicht feuchtes Herbstlaub mit etwas Erde und schichtet darauf 15 cm groben Kompost und anschließend 15 cm Humuserde. Der fertige Hügel soll an die 60 cm hoch sein.
Nutzungszeitraum: Nach drei Jahren geht der Wärmeeffekt verloren, nach maximal sechs Jahren ist der Hügel (ohne jährliche Kompostgaben) zu einem leicht erhöhten Beet abgebaut.

Das Hochbeet

Das Hochbeet stellt eine Weiterentwicklung des Hügelbeets dar. Die schwer zu bepflanzenden Seiten des Hügels fehlen, die Oberfläche ist kleiner, dafür schont die weitere Bearbeitung vor allem das Kreuz der Gärtnerinnen und Gärtner. Der Gemüseanbau auf Hochbeeten findet immer größere Verbreitung. Auch in Bauerngärten kommen Hochbeete zum Einsatz, weil sie die Arbeit erleichtern und vor allem auch bei Schneckenplage oder rauen Klimabedingungen verbesserte Anbaubedingungen ermöglichen. Das Hochbeet ist zwar in der Errichtung aufwendiger, dafür aber in der Erhaltung eher pflegeextensiv. Nur in stark durch Sommertrockenheit geprägten Gebieten ist das Hochbeet etwas pflegeintensiver, da es stärker austrocknet und daher regelmäßig bewässert werden muss.

Anlage eines Hochbeets

Breite: 1,20 bis maximal 1,50 m

Länge: beliebig

Höhe: Im Allgemeinen wird eine Höhe von 70–80 cm über der Bodenoberfläche empfohlen. Je nach Körpergröße des Gärtners beziehungsweise der Gärtnerin oder anderen Anforderungen kann die Höhe aber variieren.

Ausrichtung: Idealerweise Nord-Süd

Aufbau: Der Boden wird etwa 15 cm tief abgetragen, darauf kommt eine mindestens 40 cm dicke Schicht Zweige und Astmaterial, darauf Grassoden, 20 cm Laub gemischt mit Erde, Kompost und Stallmist und darüber 15 cm Grobkompost und 10–20 cm Feinkompost.

Vorgehensweise: Aus Lärchenbrettern, Rundhölzern (8 cm Durchmesser), Kanthölzern (kein Holzschutzmittel verwenden!) oder Ziegeln wird der Hochbeetkasten gebaut. Bei niederen Beeten gibt es auch die Möglichkeit, aus Haselnuss- oder Weidezweigen einen Flechtzaun für das Hochbeet herzustellen, dann ist aber nur eine Höhe von 30 cm empfehlenswert, und die Haltbarkeit ist geringer.

Je nach Aufbau sollten die Seitenflächen mit Folien abgedeckt werden, um den Austritt des Wassers an den Rändern, wo die übereinanderliegenden Holzstücke einen Spalt bilden, zu verhindern (bei Ziegelwänden ist dies nicht nötig). Der Boden darf nicht mit Folie abgedeckt werden, um ein Abrinnen des Wassers zu gewährleisten. Dafür leistet ein feinmaschiges Gitter gegen Mäuse gute Dienste.

Nutzungszeitraum: Das Beet sackt jährlich etwa 8–12 cm ab, die fehlende Höhe muss im Frühjahr mit Kompost aufgefüllt werden. Die Wärmewirkung nimmt nach den ersten drei Jahren ab, nach sieben bis acht Jahren ist auch der Holzkern verrottet. Danach sollte das Hochbeet neu aufgebaut werden. Das anfallende Material kann als Humus auf die anderen Gartenbeete oder unter Beerensträucher verstreut werden.

Schichtaufbau Hochbeet.

(Foto: J. Korber)

Aus der Praxis: Das Hochbeet von Trude Schwaiger

Trude Schwaiger ist Bäuerin und Kräuterpädagogin. Ihr Zugang zum Garten und die Verwendung von Kräutern und Heilpflanzen wurde von der Großmutter und der Schwiegermutter geprägt. In ihrer Ausbildung in einer landwirtschaftlichen Fachschule wurde ihr bewusst, wie viel Wissen sie von zu Hause ganz selbstverständlich mitbekommen hat. Eine gute Rindssuppe beispielsweise gab es in ihrer Familie nie ohne ein paar Blättchen der Gundelrebe, einer Wildpflanze, die nicht alltäglich in der Küche verwendet wird. Heute gibt Trude Schwaiger ihr Wissen bei Führungen und vor allem bei der Arbeit mit Kindern weiter.

Der Garten, ursprünglich ein typischer Bauerngarten mit einer großen Beetfläche, die durch Bretter unterteilt war, ist heute ein vielfältiger Kraut- und Rübengarten, wie ihn die Besitzerin liebevoll nennt. Ein Hochbeet für Salat und Gemüse, eine Kräuterspirale und viele Blumen geben sich ein harmonisches Stelldichein.

Das idyllische Gästehaus am Hof der Familie Schwaiger. (Foto: J. Korber)

Eine Schicht Äste.

Eine Schicht Grasschnitt.

Eine Schicht Kompost. (Fotos: J. Korber)

Der Aufbau

Das Hochbeet ist das Herzstück des Gartens. Mit 4 m x 1,5 m versorgt es das Ehepaar Schwaiger den ganzen Sommer mit Salat und Gemüse. Der Aufbau aus Lärchenholz ist sehr massiv, denn bei einer Länge von 4 m und einer Höhe von etwa 1 m kommt ganz schön viel Gewicht und Druck auf die Bretter. Eine Silo- oder Noppenfolie im Inneren schützt das Holz und hält die Feuchtigkeit im Boden. Ein feinmaschiges Drahtgitter am Boden hält Mäuse ab.

Nach der Sonneneinstrahlung im Garten ist das Hochbeet mit einer Längsseite nach Südwesten ausgerichtet. Die Nordseite ist höher (100 cm und 80 cm), damit wird die Sonne noch besser eingefangen.

Der Untergrund wurde etwa 10 cm ausgehoben, darauf kam die Gehölzschicht, wobei durchaus dickere Äste mit circa 7–10 cm Durchmesser verwendet wurden. In weiterer Folge wurden Stroh, Rasenziegel (mit der Grasnarbe nach unten) und alter Mist geschichtet und zwischen jede Schicht wurde Gesteinsmehl gestreut. Abschließend wurde alles mit Erde abgedeckt und zuletzt mit guter Komposterde befüllt.

Ratschläge von der Fachfrau

Im Lauf eines Jahres Man darf sich nicht wundern, wenn das Beet im ersten Jahr 20–30 cm nachgibt, erklärt Trude Schwaiger. Es macht auch nichts, wenn die Pflanzen ein wenig tiefer stehen als der Rand, denn dadurch sind sie im Frühjahr vor kaltem Wind geschützt.

Trude Schwaiger in ihrem Bauerngarten. (Foto: J. Korber)

Gute Lage Ein guter Platz für ein Hochbeet ist auch eine Haus- oder Garagenwand, an der das Beet mit einer Seite anliegt. Der Wärmeeffekt ist dann noch größer und die Vegetationsperiode länger. Allerdings kann das Beet dann nur von einer Seite bearbeitet werden. Es darf daher nicht breiter als maximal 1,20 m sein.

Geeignete Abdeckung Zusätzlich kann ein Hochbeet mit zwei unterschiedlich hohen Seitenteilen sehr gut mit Glas oder Vlies abgedeckt werden. Das schräg gestellte Glas lässt das Regenwasser abrinnen.

Die Bepflanzung

Sobald die Temperaturen im Frühling steigen, wird das Hochbeet bepflanzt und eingesät. Ein Vlies schützt die Jungpflanzen bei Schlechtwetter. Salat, Radieschen und Kohlrabi werden in Reihen angebaut und stellen eine ideale Mischkultur dar. Daneben sind Karotten und Petersilie eingesät. Bohnen, Erbsen und Gurken folgen später. Trude Schwaiger pflanzt in Reihen, und zwar immer parallel zur kurzen Seite des Beets. Die Gurken lieben die Westseite des

Das Erscheinungsbild des Hochbeets passt sich gut in den Garten ein. (Foto: J. Korber)

Beets, dort hängen sie über den Rand und saugen die Wärme der Abendsonne auf. Das hat sich sehr bewährt. Im Frühjahr wird das Hochbeet auch für die Vorkultur von Blumen verwendet. Im Sommer ist es dann randvoll mit Gemüse, selbst Brokkoli und einige Krautköpfe gedeihen gut. Durch den tief gelockerten Wurzelraum können die Pflanzen dichter angebaut werden als bei Flachbeeten. Sie wachsen deutlich schneller, was auch mit der Wärmeentwicklung durch die Verrottung im Inneren zusammenhängt. Und der Ertrag ist deutlich höher als bei einem Flachbeet gleicher Größe.

Das kommt nicht aufs Hochbeet

Kürbis und Zucchini kommen bei Trude Schwaiger auf den Misthaufen, sie nehmen im Hochbeet zu viel Platz ein, und die Kartoffeln werden auf einem kleinen Acker angebaut. Sellerie, Zwiebeln und Lauch gedeihen besser auf ebener Erde im Garten als im Hochbeet. Sie werden kunterbunt zwischen Blumen und Kräuter gepflanzt.

Das Gießwasser kommt in Trude Schwaigers Garten entweder aus der Regentonne oder aus einem Bächlein, das durch ihren Garten fließt. Der Bach kommt aus einem

Moorgebiet und hat trübes, aber dafür warmes und besonders gutes Wasser für die Pflanzen. Leitungswasser wird nie zum Gießen verwendet.

Große Ernte wenig Pflege

Die größten Vorteile eines Hochbeets sind der geringe Pflegeaufwand und die gute Produktivität. Die Pflege erledigt sich fast im Vorübergehen. Unkraut kann in der lockeren, dicht bepflanzten Erde kaum gedeihen und wird zwischendurch ausgezupft, dabei muss man sich nicht einmal bücken. Nach dem Eingießen der Jungpflanzen benötigen sie auch im Sommer – außer bei längerer Trockenperiode – kein zusätzliches Wasser. Im Herbst und Frühjahr erspart man sich das Umgraben, und auf Schnecken muss man auch nicht achten. Das raue Holz der Wände behagt ihnen nicht.

Nach fünf bis sechs Jahren legt Trude Schwaiger das Beet wieder neu an. Einen Teil der Erde verteilt sie im Garten und ist damit einen Tag lang beschäftigt. Dann wird der Holzkasten wieder neu befüllt und steht in den nächsten fünf bis sechs Jahren zur Produktion von schmackhaftem Gemüse mit wenig Arbeit und vor allem viel Freude zur Verfügung.

Salate, Möhren, Kohlrabi wachsen im Hochbeet dicht nebeneinander und liefern schnell schmackhaftes Gemüse. (Foto: J. Korber)

(Foto: H. Pirker)

Saat und Pflanzung

Vom Werden und Gedeihen

Das Beobachten der Keimung und die Pflege der heranwachsenden Jungpflanzen gehören zu den schönsten Erlebnissen des Gartenjahrs. Gemüsepflanzen eignen sich ganz besonders für diese Beobachtungen. Viele von ihnen haben große Keimblätter und rasches Wachstum, man kann fast zusehen, wie die Blätter des Kürbises größer werden, der kleine Kohlrabi sich immer stärker rundet oder die Bohnen ihre Ranken ausstrecken. Gemüsepflanzen werden seit Jahrtausenden vom Menschen kultiviert und sind bildlich gesprochen durch viele Hände gegangen.

Die meisten Gemüsepflanzen sind einjährig und müssen jährlich neu angebaut werden, es gibt aber auch mehrjährige Arten. Die Phase, bis die kleinen Pflänzchen aus Direktsaat, Vorkultur im Frühbeet, aus Töpfchen oder vom Gärtner gekauft, umgesetzt und in den Beeten etabliert sind, ist heikel und bedarf intensiver Pflege und Beobachtung. Oft genügen einige sonnenheiße Tage, um die frisch gesetzten Jungpflanzen zu gefährden. Eine kalte Nacht, in der die Töpfe mit den gekeimten Kürbissen versehentlich draußen vergessen werden, kann zur Vernichtung der ganzen Kürbisansaat führen. Die Keimung und das Umsetzen sind daher entscheidend für das Gelingen des ganzen Gartenjahrs.

Mehrjährige Gemüsearten
Artischocke, Etagenzwiebel, Meerrettich, Rhabarber, Spargel, Topinambur, Winterkresse, Winterheckenzwiebel

Auch Artischocken lassen sich gut aus Samen anziehen. (Foto: Floramedia)

Das kleine Einmaleins der Keimung

Jedes Samenkorn ist in der Lage, die optimalen Keimbedingungen zu erspüren. Die Samenhülle spielt dabei eine zentrale Rolle. Nur wenn die Keimbedingungen über einen längeren Zeitraum optimal sind, setzt die Keimung ein, denn nur dann ist das Überleben der Pflanze gewährleistet. Ein schöner Vormittag im Vorfrühling mit tiefen Nachttemperaturen lässt noch keine Keimung zu.

An warmen, nicht zu sonnigen Tagen können die Jungpflanzen schon mal ins Freie. (Foto: H. Pirker)

Keimtemperatur Gemüsesamen haben unterschiedliche Ansprüche an die Bodentemperatur. Hohe Keimtemperaturen benötigen Paprika (ab 20 °C), Kürbis (ab 20 °C) und Aubergine (ab 25 °C). Kühle Keimtemperaturen bevorzugen Spinat und Salat (ab 2 C°).

Ein großes Anpassungsvermögen an die Bodentemperatur weisen beispielsweise Zwiebeln, Erbsen und die meisten Kohlgewächse auf, eine kleine Toleranz haben Bohnen. Für Bohnen muss die Bodentemperatur mindestens 15 °C betragen.

Licht Während Lichtkeimer für die Keimung helle Bedingungen benötigen, keimen Dunkelkeimer nur im Verborgenen. Salat und Sellerie dürfen nicht zu tief in die Erde gesteckt werden, Spinat wird aber nur keimen, wenn die Samen mit Erde bedeckt sind. Viele Beikräuter des Gartens sind ebenfalls Lichtkeimer; kaum wird der Boden bearbeitet und gewendet, keimen sie, bei einer Bedeckung mit Mulch hingegen wird die Keimung verhindert, da kein Licht zu den Samen dringt.

Sauerstoff Samen, die zu tief in schweren, wassergesättigten Lehmböden angebaut oder zu stark gegossen werden, ersticken oder verfaulen. Daher ist während der Keimung auf richtiges Gießen zu achten. Ein feiner Sprühaufsatz auf der Gießkanne sorgt dafür, dass der Wasserstrahl die Keimlinge nicht erstickt.

Feuchtigkeit Bei Trockenheit ist keine Keimung möglich; während der Keimphase muss die Erde immer etwas feucht gehalten werden. Ideal ist die Zufuhr von Feuchtigkeit über Sprühflaschen, oder man schafft ein feuchtes Mikroklima, indem man nun die Saatschalen oder Töpfe mit Plastik abdeckt. Plastikhauben, die über die Keimlinge gestülpt werden, sorgen ebenfalls für Feuchtigkeit. Allerdings besteht bei einer vollständigen Abschließung die Gefahr von Schimmelbildung – auch hier ist also Vorsicht und Maßhalten geboten.

Nährstoffe Die kleinen Keimlinge sind von der Natur für ihren Start gut ausgerüstet und benötigen keine zusätzlichen Nährstoffe. Die Keimblätter, also das erste Blattpaar, das meist anders geformt ist als die ersten richtigen Blätter, sind meist auch Speicherorgane und versorgen den Keimling. Stark gedüngte Erde ist nicht verträglich für die zarten Wurzeln. Aussaaterde soll daher stets nährstoffarm sein.

Mit übergestülpter Plastiktüte ergibt sich ein optimales Mikroklima für den Keimling. (Foto: Floramedia)

Praxistipp einer Bäuerin zur schnelleren Keimung

Bei Gurken werden die Samen zuerst in gut angefeuchteten Sägespänen oder direkt in einem Wasserbad über mehrere Tage vorgekeimt. Wenn an einem Ende des spitz geformten Samens das erste Grün herausschimmert, setzt man die zarten Keimlinge, die sich dann schnell entwickeln. Da Gurken hohe Bodentemperaturen benötigen und sich daher oftmals Zeit für die Keimung lassen, ist diese Methode durchaus Erfolg versprechend.

Sehr viele Samen keimen mithilfe eines Saatbades schneller. Karotten werden beispielsweise in einem Topf mit feuchtem Sand oder Kompost-Sand-Gemisch vorgekeimt. Sind die ersten Wurzelspitzchen sichtbar, was nach zwei bis drei Wochen der Fall sein sollte, kommen sie in die Beete. Auch Bohnen werden traditionell einen Tag oder eine Nacht vor der Aussaat in lauwarmem Wasser vorgequollen.

Das Saatgut

Einige Gemüsearten würden bei unseren Klimabedingungen nicht zur Fruchtreife gelangen, wenn sie erst nach den letzten Frösten im Freiland gesät werden. Durch das Vorziehen wird es möglich, Pflanzen wie Paprika, Auberginen, Tomaten oder Kürbisse in unseren mitteleuropäischen Gärten zu ernten oder die Ernte anderer Gemüsepflanzen um einiges früher zu ermöglichen.

Ein Standardsortiment an Jungpflanzen ist in den meisten Gärtnereien und Gartenmärkten erhältlich; will man jedoch besondere Sorten kultivieren, bekommt man meist nur Saatgut und keine Pflanzen. Daher muss sich jeder Liebhaber von besonderen Gemüsesorten mit der Anzucht beschäftigen.

Sorgfalt von Anfang an

In Gärtnereien, Baumärkten und mittlerweile auch im Supermarkt wird Gemüsesaatgut angeboten. Oft geschieht der Einkauf nebenbei, hier ein paar Radieschensamen und dort den Kohlrabi. Die Mühe, die man sich bei der Pflanzung und Pflege von Gemüse macht, sollte aber auch für die Auswahl des Saatguts gelten. Mittlerweile gibt es eine Vielzahl an Anbietern von biologischem Saatgut und alten Sorten. Auch Vereine, wie beispielsweise die Arche Noah (Gesellschaft zur Erhaltung der Kulturpflanzenvielfalt) in Österreich oder der VEN (Verein zur Erhaltung alter Nutzpflanzen) in Deutschland, widmen sich der Erhaltung und Verbreitung von alten Lokalsorten und Kulturpflanzen.

Viele Gärtnerinnen und Gärtner berichten immer wieder von der Erfahrung, dass selbstgezogene Pflänzchen aus Biosaatgut besonders gut gedeihen, gesünder, vitaler und auch schmackhafter sind als konventionelle Pflanzenware.

Weißkraut ist fester Bestandteil im klassischen Bauerngarten. Die Saatgutgewinnung ist allerdings schwierig. (Foto: H. Pirker)

Samenfeste Sorten und Hybridsorten

Sogenannte samenfeste Sorten können im Gegensatz zu Hybridsorten im Hausgarten weitervermehrt werden. Das Erbgut ist nicht durch besondere Kreuzungen verändert worden. Samenfeste, biologisch erzeugte Sorten sind besonders an die Bedingungen im Hausgarten angepasst, wo kein Kunstdünger und keine Spritzmittel zum Einsatz kommen sollten.

Hybridsaatgut entsteht durch die Kreuzung zweier Sorten, die ausgeprägte unterschiedliche Merkmale aufweisen und diese verlässlich vererben. So kommen sehr ertragreiche Sorten zustande. Eine Hybridsorte kombiniert unterschiedliche Merkmale der Elterngeneration. Die erste Generation (F1) weist diese Eigenschaften einheitlich auf. Jede weitere Generation spaltet sich aber wieder auf und bringt sehr unterschiedliche Merkmale hervor. Daher sind Hybridsorten Einmalsamen, die immer wieder neu gekauft werden müssen. Leider werden Hybridsorten nicht immer auf der Samenpackung gekennzeichnet. Der Zusatz F1 nach dem Sortennamen zeigt, dass es sich um eine Hybridsorte handelt.

Saatgut im Bauerngarten

Bäuerinnen waren bis in die erste Hälfte des letzten Jahrhunderts vermehrt auf die eigene Saatgutproduktion und den Tausch angewiesen. Viele verschiedene, den örtlichen Bedingungen angepasste Sorten wurden von einer Generation zur anderen weitergereicht. Auch heute noch werden manche Gemüsesorten in den Bauerngärten vermehrt und auf diese Weise auch neue Sorten entwickelt, die optimal an die lokalen Standortgegebenheiten angepasst sind. Gerade für den Hausgarten ist die Samenvermehrung ein lohnendes und natürlich spannendes Unterfangen. Außerdem lassen sich verschiedene Gemüsearten sehr leicht vermehren und bieten sich für erste Experimente geradezu an, zum Beispiel Bohnen und Kürbisse.

Auch die in diesem Buch vorgestellten Bäuerinnen haben es sich zum Ziel gesetzt, eigenes Saatgut zu erzeugen, unter anderem auch von Weißkraut, und das ist besonders schwierig. Beim Weißkraut müssen mehrere Krautköpfe ausgegraben und im Keller ohne Fäulnis, Krankheiten und Schädlinge überwintert werden, damit sie im Frühjahr wieder ausgepflanzt werden können. Erst im zweiten Jahr blühen und fruchten die Weißkrautpflanzen. Für die Bäuerinnen ist es ein Versuch, mit der Zeit wieder Lokalsorten zu bekommen, die optimal an die regionalen Bedingungen angepasst sind.

Anzuchtmethoden

Bäuerinnen früher und heute nutzen verschiedene Möglichkeiten der Anzucht. Wärmebedürftige Gemüsepflanzen werden meistens in Töpfen oder Saatkistchen im Haus vorgezogen, während robustere Arten auch im Frühbeet, Mistbeet oder Gewächshaus keimen. Am einfachsten ist die Direktsaat, bei der die Samen gleich an Ort und Stelle ausgesät werden.

Aussaat im Haus

Das Vorziehen von Gemüsepflanzen im Haus ist stark an das verfügbare Licht gebunden. Sobald die Keimlinge erscheinen, brauchen sie Sonnenlicht. Daher ist die Anzucht am Fensterbrett nur für wärmeliebende Arten mit langer Keimzeit empfehlenswert (siehe Tabelle Seite 46). Am Fensterbrett besteht immer die Gefahr, dass die Pflänzchen aufgrund der Wärme und der einseitigen Lichteinstrahlung zu schießen beginnen, das heißt sehr lang und dünn werden. Stellt man die Töpfe dann ins Freie, so wird der erste Windstoß dazu führen, dass die Sämlinge umfallen. Um gesunde und widerstandsfähige Pflanzen zu bekommen, müssen die Keimlinge so früh wie möglich abgehärtet werden. Der Zeitpunkt der Vorkultur ist daher entscheidend und darf auf keinen Fall zu früh gewählt werden. Beginnt man im Februar mit der Paprikaanzucht, dann müssten die Pflänzchen schon im März hinauskommen. Nicht in allen Gebieten ist das möglich.

Das wird benötigt

Für die Aussaat wird eine spezielle Aussaaterde oder reifer Kompost gemischt mit Sand verwendet. Gedüngte Erde vertragen die empfindlichen Keimlinge nicht gut. Im Haus ist ein warmer, heller Fensterplatz ideal. Joghurtbecher, Gemüsekistchen oder anderes Verpackungsmaterial eignen sich bestens als Anzuchtgefäße. Sobald die Keimlinge zu sehen sind, kann etwas kühler (15–20 °C) und vor allem heller gestellt werden. Sind die Keimlinge zu warm und dunkel aufgestellt, bilden sie lange dünne Stängel und fallen um. In diesem Fall ist das Umsetzen (Pikieren) in einzelne Töpfchen hilfreich. Pikiert oder vereinzelt werden muss auch, wenn mehrere Pflanzen in einem Topf oder einem Kistchen relativ eng gesät wurden. Generell sollten die Jungpflanzen nach der Bildung der ersten wirklichen Blattpaare langsam an die Bedingungen im Freien gewöhnt werden.

Für Gemüse, das in größerer Menge benötigt wird, wie Salat oder Zwiebeln, eignet sich auch die Anzucht in Holzkistchen oder in Balkonkistchen.

In der nachfolgenden Tabelle (Seite 46) sind Gemüsearten aufgelistet, die häufig vorgezogen werden. Grundsätzlich können alle Gemüsearten vorgezogen werden, vor allem Wurzelgemüse und auch Bohnen oder Erbsen werden allerdings besser direkt an Ort und Stelle ausgesät, da die jungen Pflanzen unter dem Umpflanzen leiden.

Um die Bodentemperatur festzustellen, braucht man nicht unbedingt ein Thermometer. Mit der Hand kann die Bodentemperatur ganz gut erfühlt werden. Handwarmer Boden ist besonders ideal für die wärmebedürftigen Arten.

Die Saatreihen sollten immer gut beschriftet werden, damit man weiß, was dort aufgeht. (Foto: Floramedia)

Aussaat von besonders wärmeliebenden Gemüse

Gemüse	Benötigte Bodentemperatur	Benötigte Lufttemperatur	Saattiefe
Paprika	20–35 °C (ideal sind 30 °C)	20–30 °C	1 cm
Aubergine	25–28 °C	20–30 °C	1 cm
Kohlgewächse	7–30 °C	15–18 °C	1 cm
Lauch	10–30 °C (ideal sind 20 °C)	20–25 °C	0,5 cm
Kürbis, Zucchini	25–30 °C	18–25 °C	2 cm
Bohne	15–30 °C (ideal sind 25 °C)	15–20 °C	2 cm
Gurke	25–30 °C	18–25 °C	2 cm
Zwiebel	10–30 °C (ideal sind 20 °C)	20–25 C	0,5 cm
Mais	15–35 °C (ideal sind 25 °C)	20–30 °C	2 cm
Salat	1–26 °C	7–22 °C	0,3 cm
Tomate	15–23 °C	10–25 °C	1 cm

Bemerkung zum Vorziehen

Ab Mitte Februar bis Mitte März, acht bis elf Wochen vor den letzten möglichen Frösten aussäen. Paprika keimt und wächst langsam, die Keimung kann 6–28 Tage dauern.

Ab Anfang März bis Anfang April, sechs bis acht Wochen vor den letzten Frösten aussäen. Sehr wärmebedürftig in der Kultur, ideal für Gewächshäuser oder Mistbeete.

Ab Anfang März aussäen. Kohlgewächse vertragen leichte Fröste und können auch direkt im Garten gesät werden. Das Vorziehen empfiehlt sich bei Schneckenplage und bringt frühere Ernte bei Kohlrabi.

Ab März aussäen, etwa 10–14 Wochen vor dem Auspflanzen. Vorkultur bringt eine frühe Ernte ab Sommer. Aussaat in Kistchen ist praktischer als in Töpfen.

Ab Anfang April aussäen, vier bis sechs Wochen vor den letzten Frösten. Damit sich die trockene Samenhülse öffnet und die Keimblätter freigibt, ist genügend Luftfeuchtigkeit nötig. Genügend große Töpfe verwenden und vorsichtig umpflanzen.

Ab Mitte April bis Anfang Mai, ein bis zwei Wochen vor den letzten Frösten; nur bei großen Schneckenproblemen ist eine Vorkultur empfehlenswert. Ab Mai Direktsaat.

Ab Mitte April, etwa drei bis vier Wochen vor den letzten Frösten; bei Schneckenproblemen und in kühlen Lagen ist die Vorkultur erfolgreicher. Sobald das erste (echte) Blattpaar erschienen ist, auspflanzen.

Ab März in Kistchen säen, beim Umsetzen nicht zu tief pflanzen. Zwiebeln können auch als Steckzwiebeln ab Ende April im Freiland gesteckt und bis Ende April im Freiland gesät werden. Spätere Saaten bilden keine Zwiebeln mehr.

Ab Mitte April zur Verfrühung der Ernte; Auspflanzen erst nach Frostgefahr. Direktsaat ab Mai.

Salat keimt innerhalb einer Woche, eine Ansaat in Töpfchen ist aufgrund der kleinen Samen schwierig. In Kistchen und Frühbeeten kann er in Reihen gesät und später vereinzelt oder ausgepflanzt werden. Durch Vorkultur wird die erste Ernte verfrüht; das ist sinnvoll bei Schneckenproblemen.

Ab März, fünf Wochen vor den letzten Frösten vorziehen. Samen eine Nacht vorher in Wasser einweichen, sie keimen nach 5–14 Tagen, Auspflanzen erst nach Frostgefahr.

Das Frühbeet aus Holz passt sich gut in den Garten ein und erleichtert die Vorkultur empfindlicher Pflanzen. (Foto: J. Korber)

Aussaat im Frühbeet

Ein Frühbeet ist im Grunde genommen ein Minigewächshaus, in dem unter geschützten Bedingungen Jungpflanzen vorgezogen und die Gartensaison verlängert werden kann. Durch das Einarbeiten von frischem Pferdemist, wie bei den traditionellen Mistbeeten im Bauerngarten, kann zusätzlich Wärme erzeugt werden. Wer auf kleiner Fläche die Produktion verlängern will und außerdem sein Gemüse selbst heranziehen möchte, dem sei der Bau eines Frühbeets unbedingt ans Herz gelegt.

Frühbeete sind Kästen aus Holz oder Kunststoff, die im klassischen Bauerngarten mit alten oder neu gefertigtes Fenstern abgedeckt werden. Sie sollten an einen geschützten Standort kommen und zur Sonne ausgerichtet sein. Durch die schräg gestellten Fenster kann die Sonnenstrahlung optimal eindringen und das Regenwasser abrinnen. Wird im Untergrund zusätzlich eine Schicht mit Mist angelegt, erwärmt sich auch der Boden durch den Verrottungsprozess. So entsteht ein warmes Klima, wenn es im Garten noch kalt ist. Befüllt man das Beet mit Aussaaterde, wird der Unkrautdruck reduziert, der auf den Gartenbeeten die Aussaat gefährdet. Diese idealen Bedingungen gefallen den meisten Gemüsepflanzen, und sie beeilen sich mit der Keimung. Außerdem kommen Schnecken meistens nicht in das Frühbeet hinein.

Neben den Vorteilen gibt es auch einen Nachteil, der nicht verschwiegen werden soll: Ein Frühbeet muss intensiv betreut werden. Da die Sonnenstrahlen im Lauf des Frühlings immer intensiver werden, ist regelmäßiges Lüften nötig. Vergisst man nur einmal, bei direkter Sonneneinstrahlung das Glas zu öffnen, so verbrennen die Pflanzen. Bei schönem Wetter ist es daher besser, die Fenster immer offen zu halten. In frostigen Nächten hingegen muss das Frühbeet manchmal zusätzlich abgedeckt werden (eine alte Decke wirkt schon Wunder). Ab April kann das Fenster stundenweise ganz abgenommen werden, um die Pflanzen zunehmend abzuhärten.

Frühbeetvariationen

Kalter Kasten Ein Frühbeet, das nur durch die Sonneneinwirkung und das Glas erwärmt wird, nennt man Kalter Kasten.

Halbwarmes Frühbeet Hierbei werden im Aufbau der Erde etwa 20 cm Substrat,

beispielsweise halb fertiger Kompost gemischt mit Stroh und Laub, beigemischt. Darauf kommen 10–20 cm Aussaaterde.
Mistbeet Eine Schicht mit dicht gepacktem, frischem Mist (Pferdemist erzeugt die stärkste Wärme) erwärmt den Boden. Auf die Mistschicht sollten etwas Stroh, Laub und mindestens 20 cm Erde folgen.

Anlage eines Früh- oder Mistbeets

Breite 100–120 cm (kann sich auch nach der Fenstergröße richten)
Länge Beliebig
Höhe Südseite 15–30 cm, Nordseite 25–50 cm; umso höher das Frühbeet geplant wird, desto langsamer erwärmt sich der Luftraum, was aber auch die Gefahr von Verbrennungen verringert.
Tiefe Je nach Aufbau werden für einen kalten Kasten 10–20 cm unter Bodenniveau ausgehoben, Frühbeete, die mit Mist befüllt werden, müssen 30–50 cm unter Bodenniveau ausgehoben werden.

Traditionelle Anleitung für Mistbeete nach dem Gartenbuch für Anfänger aus dem Jahr 1913

Für die Seitenteile wird ein Bretterkasten gebaut und nach Süden ausgerichtet. Dann hebt man eine Grube aus und legt diese eventuell mit einem Hasengitter (feinnetziger Maschendraht) aus, um das Beet gegen Wühlmäuse zu schützen. Den Boden 10 cm mit Laub oder trockenem Stroh befüllen (dient der Wärmeisolation nach unten), darauf kommt 30–50 cm frischer Pferdemist, dicht gepackt. Auf den Holzkasten werden passende Glasfenster gelegt. Nach einer Woche wird der Mist nochmals festgetreten und etwa 20 cm mit feiner Aussaaterde bedeckt. Nach weiteren zwei bis drei Tagen ist auch diese Erde erwärmt und es kann ausgesät werden.

Aus den Bauerngärten abgeschaut

Frühbeete aus Holz oder manchmal auch aus Beton sind in vielen Bauerngärten in Verwendung. Alte Fenster dienen als Abdeckung, und auch Vlies kommt häufig zum Einsatz. Im geschützten Kleinklima gedeihen bald die ersten Salate sowie Kohlrabi und Radieschen. Bäuerinnen verwenden das Frühbeet häufig auch zur Vorkultur von Blumen und Kräutern. Balkonblumen und einjährige Sommerblumen für den Garten können mithilfe des Frühbeets ohne großen finanziellen Aufwand in größerer Menge vorgezogen werden. Oft werden die Samen von Ringelblume, Kapuzinerkresse, Sonnenblume, Studentenblume oder Strohblumen nicht zugekauft, sondern jährlich im Herbst gesammelt und wieder angebaut. Sparsamkeit ist ein Charakteristikum der bäuerlichen Gartenkultur. Erst in jüngster Zeit kaufen auch Bäuerinnen ihre Blumen vermehrt in Gärtnereien oder Baumärkten ein. Allerdings gehen dadurch regionale und traditionelle Zierpflanzensorten schnell verloren.

Aus der Praxis: Das Mistbeet von Regina Kleewein und Maria Seebacher

(Foto: H. Pirker)

Zwei Bäuerinnen haben sich mit ihrer Begeisterung für selbst gezogenes Gemüse gefunden. Seit nunmehr 13 Jahren teilen sich die beiden Arbeit und Ernte. Anfangs wurde auf einem Hof das Gemüse auch verkauft. Heute dient die Gemüsevielfalt der Selbstversorgung von drei Familien. Insgesamt werden in einem Jahr an die 500 Gemüsepflanzen gesetzt, die vorher in einem 8 m x 80 cm großen Mistbeet vorgezogen werden. Ausgepflanzt wird nach den Eisheiligen. Auf einer etwa 700 m^2 großen Fläche werden zwei Drittel mit Kartoffeln bepflanzt. Etwas mehr als 200 m^2 bleiben für das Gemüse. Vier verschiedene Krautarten (Filderkraut, Holsteiner, Kärntner Gebirgskraut und Rotkraut), Kohlrabi, Sprossenkohl, Brokkoli, Blumenkohl, Salat, Zucchini und Kürbis wachsen in Reihen gesät im geschützten Klima heran.

Aufbau und Einsatz

Das Mistbeet besteht aus einem Holzkasten, der etwa 50 cm tief ist. Die hintere Seite ist etwa 20 cm höher als die vordere. Ganz unten liegen größere Steine, dann folgt eine etwa 20 cm hohe Schicht frischer, festgetretener Kuhmist, darauf wird dick Gesteinsmehl gestreut. Eine Schicht Stroh (10 cm) und Erde (20 cm) bilden den Abschluss. Die Bäuerinnen sind überzeugt, dass die zarten Wurzeln nicht gleich

Kohlrabi und Salat kommen als erste vom Mistbeet in den Garten. (Foto: J. Korber)

Im Mistbeet werden die Pflanzen immer in Reihen angebaut. (Foto: J. Korber)

mit dem Mist in Berührung kommen sollen, daher ist die Strohschicht so wichtig. Ursprünglich wurden alle Flächen mit Glasfenstern abgedeckt. Da jedoch die Sonne in Zeiten des Klimawandels im Frühling mitunter so stark ist, dass die Fenster das Mistbeet zu sehr aufheizen, wird die Saat nur noch mit einem Vlies abgedeckt. Auf dem Holzrahmen des Mistbeets liegt ein stabiles Drahtgitter, das es ermöglicht, in kalten Nächten über die Mistbeete alte Decken zu breiten.

Neben den Gemüsekeimlingen für die Feldkultur werden auch Salat- und Kohlrabipflanzen gesetzt und Radieschen eingesät. Der erste frische Salat ist innerhalb von sechs Wochen zu ernten. Die Bäuerinnen säen nicht zu dicht und ersparen sich dadurch das Pikieren der Pflänzchen. Bei der großen Anzahl an Jungpflanzen wäre das zu viel Arbeit. Sollte sich da und dort etwas drängeln, werden die ersten frei werdenden Plätze nach der Salat- und Radieschenernte genutzt, um zu eng stehende Keimlinge umzusetzen. Beim Umsetzen im Mistbeet benutzen die beiden Bäuerinnen kein Werkzeug – nur der „grüne Finger" kommt zum Einsatz.

Für die Aussaat wird der Mondkalender von Maria Thun beachtet, allerdings nicht sklavisch, sondern nur, wenn es leicht geht. Die Arbeit soll mit Freude und guter Stimmung gemacht werden, das halten die beiden für sehr wichtig. Zur Unkrautregulierung bevorzugen sie den Tag des Vollmonds. Auch der 18. Juni, ein traditioneller Schwendtag, wird zum Jäten genutzt. Der Vormittag soll dabei besonders günstig sein.

Schwendtage

Schwendtage gehören zu den überlieferten Bauernweisheiten. An diesen Tagen wurden traditionell die Almen und Weiden geschwendet (von Gehölzen befreit). Da viele Gehölze sehr schnell wieder ausschlagen und schwer zu reduzieren sind, haben die Schwendtage in den Beobachtungen der Bauern positive Ergebnisse gebracht. Gehölze, die an diesen Tagen geschwendet wurden, treiben weniger stark wieder aus.

Im Sommer wird das Mistbeet für Blumen genutzt. Da es gleich neben dem Wohnhaus liegt, ist die Blumenpracht dort für alle eine Freude. Früher wurden im Sommer auch Tomaten und Gurken im

Mistbeet gezogen, doch die haben heute neue Plätze. Im nächsten Frühjahr wird das Mistbeet ausgeräumt, der Mist ist zu Erde geworden. Neuer Mist und neues Stroh werden eingefüllt und die Erde wiederverwendet.

Mit Fingerspitzengefühl

Spannend ist der Moment, wenn die Pflanzen ins Freiland kommen. Es ist immer eine Lotterie; die Pflanzen müssen die richtige Größe haben, und das Wetter sollte auch mitspielen. Letztes Jahr gab es einen sehr trockenen Mai, aber da die Pflanzen im Mistbeet schon zu groß geworden waren, musste ausgepflanzt werden. Diese Arbeit wird immer abends gemacht, und dabei wird auch gut eingegossen. Da die Tage nach der Auspflanzung sehr heiß waren, musste für eine Beschattung gesorgt werden. Gemeinsam wurden Bahnen von alten Bettlaken als Sonnensegel gespannt. Die meisten Pflanzen konnten dank der Beschattung anwachsen, nur beim Blumenkohl kam es zu größeren Ausfällen.

Beim Setzen der Pflanzen achten die beiden Frauen besonders auf die Abstände. Das Gemüse wird in Reihen angebaut; für das Kraut halten sie sich an den Ausspruch einer Bäuerin: „Zwischen zwei Krautköpfen soll so viel Platz bleiben, dass ein Schaf dort ablammen kann."

Die gemeinsame Arbeit bereitet den Bäuerinnen viel Freude. (Foto: J. Korber)

Im Sommer wachsen im Mistbeet bunte Blumen. (Foto: K. Hochegger)

Natürlich haben wenige Gärtner Erfahrungen mit dem Platzbedarf eines Schafes beim Ablammen, und deshalb verraten die beiden, dass 60–70 cm Abstand in der Reihe eingehalten werden, damit sich das Kraut prächtig entwickeln kann. Der Abstand zwischen den Reihen beträgt 20 cm, und da in Mischkultur angebaut wird, steht das Kraut meist neben anderen Pflanzen.

Karotten und Zwiebeln werden immer nebeneinander angebaut. Die Gemüseanbaufläche wird im Sinne der Fruchtfolgewirtschaft mit Kartoffelanbau und Wieseneinsaat gewechselt. Es wird daher jährlich neu umgebrochen – damit haben die beiden Bäuerinnen die besten Erfahrungen gemacht. Vor dem Umbruch, der bei dieser Größe maschinell geschieht, kommt Kompost auf die Fläche.

Direktsaat

Karotten werden immer direkt gesät, und zwar am gleichen Tag, an dem die Kartoffeln gelegt werden. Die vom Traktor erzeugten Erdreihen haben die Form von spitzen Dämmen oder zugespitzten Hügeln. Diese Hügel werden mit einem Eisenrechen abgeflacht. Danach wird eine Rille gezogen, die Karotten dünn gesät, mit der Handkante angedrückt und leicht mit Erde bedeckt. Die Keimung ist eine heikle Phase, bei Schönwetter wird abends vorsichtig gegossen. Auch Unkraut wird nur ganz vorsichtig mit der Hand ausgezupft, damit keines der kleinen Karottenpflänzchen entwurzelt wird. Die sorgfältige Arbeitsweise der beiden Bäuerinnen wird im Herbst durch eine reichliche Karottenernte belohnt.

Auch Rote Rübe, Spinat, Petersilienwurzel, Rettich, Bohne und Erbse säen Regina Kleewein und Maria Seebacher direkt an Ort und Stelle. Für Zwiebeln und Schalotten werden Steckzwiebeln verwendet. Um die neugierigen Krähen davon abzuhalten, alle Steckzwiebeln wieder auszugraben, lassen sich die beiden Bäuerinnen auch immer wieder etwas einfallen. Vogelscheuchen werden aufgestellt oder auch Reste von Vlies über die Zwiebeln gebreitet. Wenn sich die ersten Wurzeln gebildet haben, halten die runden kleinen Steckzwiebeln dann von selbst in der Erde. Sobald Salat oder Radieschen geerntet werden, wird nachgesät. Mit einer Pause im Hochsommer gibt es bis in den Oktober frischen Salat und Radieschen.

Die Zusammenarbeit der beiden Freundinnen hat sich über die Jahre gut eingespielt. Die Vorteile liegen auf der Hand: Jede bringt ihr Wissen ein, weniger Arbeitsbelastung des Einzelnen, dafür jede Menge Spaß und Geselligkeit. Immer alles frisch zu ernten und das ganze Jahr selbst gezogenes Gemüse zu essen, ist ein wichtiger Teil ihrer Lebensqualität.

Vorteile des Frühbeets

Alle Gemüsearten, die das Umsetzen gut vertragen, können im Frühbeet in Reihen gesät werden. Die kleinen Pflänzchen werden dann, nachdem die Gefahr der Nachtfröste gebannt ist, in die Gartenbeete umgesetzt.

Aufbau Frühbeetkasten

Geeignet für die Anzucht im Frühbeet sind: Salat, Fenchel, Lauch, Zwiebeln, Rote Rüben, Mangold, Kohlgewächse, Sellerie, Mais.

Viele einjährige Sommerblumen (Ringelblumen, Kapuzinerkresse, Sonnenblumen oder Zinnien) können ebenfalls im Frühbeet vorgezogen werden. Nachdem die Gemüsejungpflanzen ausgezogen sind, wird das Frühbeet für wärmeliebende Gemüsepflanzen (zum Beispiel Gurken) verwendet. In Mistbeeten können auf diese Weise sogar Auberginen oder Melonen gedeihen.

Zur rascheren Keimung von in Töpfen gesäten Gemüsepflanzen ist ein Frühbeet gut geeignet. In der geschützten Atmosphäre des Frühbeets, die auch eine erhöhte Luftfeuchtigkeit aufweist, keimen wärmeliebende Gemüsearten schneller. Zur Abhärtung wird dann das Fenster immer weiter geöffnet. An sonnigen Tagen muss gelüftet werden, da die Pflanzen unter dem Glas sonst verbrennen.

Im Frühbeet gedeihen Kohlrabi, Salat, Jungzwiebeln und Radieschen schon einen Monat bevor der Garten im Freiland bebaut werden kann. Nach der ersten Ernte können vor allem in Mistbeeten bereits ein Kürbis oder nährstoffliebende Gemüsesorten wie Lauch oder Sellerie den Platz einnehmen, und im Herbst kann die Gartensaison verlängert werden und Feldsalat oder Spinat noch über die ersten Fröste hinaus geerntet werden.

In schneearmen Regionen kann das Frühbeet über den Winter zur Einlagerung von Wurzelgemüse Verwendung finden.

Ab ins Freie!

Manche Gemüsepflanzen bringen die besten Resultate, wenn sie direkt gesät und nicht umgepflanzt werden, dazu zählen beispielsweise: Bohnen, Erbsen, Spinat, Kartoffeln, Mais, Karotten, Radieschen, Pastinaken, Rote Rüben, Salat, Salatrauke (Rucola), Feldsalat und Zwiebeln, die aber nur bis Ende April (später besser als Steckzwiebeln).

Bei der Direktsaat zu beachten

Das Saatbeet muss gut vorbereitet werden, ein feinkrümeliges, eher feuchtes Beet mit wenig Unkraut ist ideal. Der Samen braucht festen Kontakt zur Erde, daher drückt man die Körner leicht mit dem Rechenrücken an und bedeckt sie dann vorsichtig mit Erde. Je feiner der Samen ist, desto flacher sollte die Saatrille sein; das gilt natürlich vor allem auch für Lichtkeimer. Regelmäßiges Gießen mit einer feinen Brause verhilft zu einer schnelleren Keimung. Die Samen können in Reihen oder flächig gesät werden. Ersteres empfiehlt sich bei Karotten und Pastinaken wegen der langen Keimdauer und weil Reihen leichter zu hacken sind. Bei flächig gestreuten Samen sind die Abstände schwieriger zu planen; in der Keimphase kann auch nicht gehackt und nur schwer gejätet werden. Gründüngung beispielsweise wird meist breitwürfelig auf der ganzen Fläche gesät. Horstsaat (mehrere Samen in einem Loch) wird vor allem bei Bohnen oder Erbsen durchgeführt.

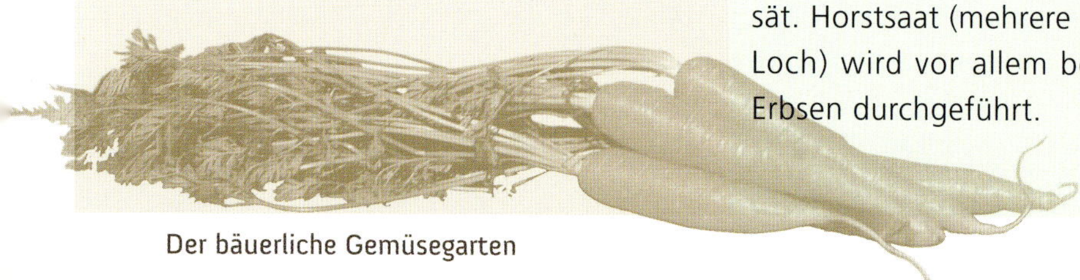

Aussaatkalender für Direktsaaten

Gemüse	Benötigte Bodentemperatur	Benötigte Lufttemperatur	Pflanztiefe	Bemerkung
Spinat	2–20 °C	4–18 °C	1,2 cm	Ab März, Dunkelkeimer, bei Bodentemperaturen ab 20 °C Keimhemmung.
Salat	2–25 °C	7–22 °C	0,5 cm	Ab März, Lichtkeimer, bei Bodentemperaturen ab 25 °C Keimhemmung.
Feldsalat	5–18 °C	5–20 °C	0,5 cm	Ab März, bei Bodentemperaturen ab 20 °C Keimhemmung.
Erbse	4–20 °C	12–20 °C	2 cm	Ab März, Horstsaat oder in Reihen.
Zwiebel	10–30 °C	20–26 °C	0,5 cm	Ab März bis Ende April, spätere Saaten bleiben klein, ab Mai mit Steckzwiebeln arbeiten, nicht zu tief setzen.
Rote Rübe	10–29 °C	7–25 °C	2 cm	Ab April, meist keimen mehrere Pflänzchen, die dann vereinzelt werden.
Karotte	7–29 °C	7–25 °C	0,3 cm	Ab April, die Keimung kann bis zu drei Wochen dauern, zu dicht gesäte Reihen vereinzeln.
Pastinake	7–29 °C	7–25 °C	0,5 cm	Ab April bis Ende Juni, die Keimung kann bis zu drei Wochen dauern, in Reihen säen.
Kartoffel	10–20 °C	7–25 °C	10–15 cm	Ab April, bei Temperaturen unter 0 °C erfriert das Laub, nicht aber die Knollen.
Mais	15–35 °C	15–35 °C	5 cm	Ab Mai in Reihen oder Gruppen.

Der richtige Zeitpunkt

Bei der Aussaat im Frühbeet oder im Freiland ist der richtige Zeitpunkt von großer Bedeutung. Zu frühe Saaten werden von den Spätfrösten zerstört, späte Saaten leiden unter Hitze und Trockenheit. Am besten beobachtet man die Beikräuter im Garten, die getrost als stille Helfer und Ratgeber bezeichnet werden können. Sieht man die ersten Keimlinge der Kräuter auf den Beeten sprießen, kann man mit der Aussaat robuster Kulturpflanzen im Freiland beginnen. Es erspart viel Arbeit, wenn das Saatbeet erst ganz kurz vor der Aussaat vorbereitet wird. Beim Rechen und Herrichten des Bodens werden nämlich unzählige keimende Beikräuter entwurzelt. Wird sofort danach ausgesät, haben die Beikräuter zumindest keinen Vorsprung.

Pflanzen und Säen mit dem Mond

Viele Bäuerinnen halten sich an den Mondkalender und säen und pflanzen an den günstigen Tagen. Dies fördert die Entwicklung und das optimale Anwachsen der Pflanzen. Die Berücksichtigung der verschiedenen Phasen des Mondes gehen auf Rudolf Steiner zurück. Maria Thun hat viele Jahre Konstellationsforschungen betrieben. Bei den passenden Konstellationen geht es darum, welches Sternzeichen der Mond gerade durchwandert (siderische Umlaufzeit). Errechnet wird dies in speziellen Kalendern.

Oft folgen die Bäuerinnen aber einfach nur den Mondphasen. Die vier Mondviertel, die zwischen Vollmond und Neumond wechseln, haben einen Einfluss auf die Säfte der Pflanze und auf ihr Wachstum. Diese Mondphasen sind relativ einfach zu berücksichtigen und haben in vielen Bauernregeln ihren Niederschlag gefunden.

Kohlrabi wird bei zunehmendem Mond ausgesät und gepflanzt und entwickelt sich dann besonders gut. (Foto: K. Hochegger)

Was nach unten wächst, säe im abnehmenden Mond.

Was nach oben wächst, säe im zunehmenden Mond.

Erfahrungen von Bäuerinnen über das Gärtnern mit dem Mond

Besonders gute Erfahrungen gibt es beim Salat, der als Blattgemüse nur bei zunehmendem Mond gesät und gepflanzt wird und dann deutlich schossfester ist. Langjährige Erfahrung und Beobachtung verschiedener Bäuerinnen haben das gezeigt. Auch die Einsaat der Wurzelgemüse und das Legen der Kartoffeln richtet sich bei vielen nach dem abnehmenden Mond. Bei der Ansaat von Blumen, die ja im Beet strahlen sollen, wird der Löwe- oder Jungfrautag im Aussaatkalender beachtet.

Aus der Praxis:
Die Vorkultur von Gemüse bei Johanna Marchner-Pichler

(Foto: Barbara-Maria Damrau, fotolia)

Johanna Marchner-Pichler präsentiert stolz die vorgezogenen Jungpflanzen. (Foto: J. Korber)

Johanna Marchner-Pichler bewirtschaftet seit 2004 einen 500 m² großen Garten mit Obstbäumen, Beerensträuchern und Gemüse (200 m²) zur Selbstversorgung und Direktvermarktung. Zusätzlich beherbergt der Bauernhof eine Herde Mutterkühe und Kälber, insgesamt 18 Stück, die für ein halbes Jahr Tag und Nacht auf einer großen Niederalm grasen können.

Aller Anfang ist schwer

Ursprünglich wurden die Gemüsebeete in Form von Hügelbeeten angelegt. Dafür wurden drei 50 m lange, 1,5 m breite Gräben mit einem Bagger ausgehoben, mit Gehölzschnitt gefüllt (40 cm), darüber Laub (20 cm) geschichtet, darauf kam der Erdaushub, gemischt mit den verkehrt herum aufgelegten Rasensoden, sowie 15 cm Erde.

Die Hügelbeete haben im ersten Jahr einen außergewöhnlichen Ertrag gebracht, der allerdings im zweiten Jahr um fast 40 Prozent zurückgegangen war. Die Hügel sanken in der Folgezeit außerdem stark ein und konnten auch nicht mit dem kleinen Traktor bearbeitet werden.

Heute besteht der Garten aus drei flachen Beeten mit 1,20 m Breite und 50 m Länge. Diese Breite eignet sich gut, um die Beete von beiden Seiten bequem vom Weg her bearbeiten zu können. Einmal im Frühjahr wird der Boden maschinell bearbeitet (gepflügt). Die Bodenfruchtbarkeit wird durch voll kompostierten Stallmist aufgebaut.

Die Anfänge der Bäuerin waren nicht immer von Erfolg gekrönt, und auch die Direktsaaten im ersten Jahr lieferten vor allem eines: Schneckenfutter. Heute hat Johanna Marchner-Pichler vor allem das Vorziehen der Gemüsejungpflanzen perfektioniert. Ein guter Start in das Gartenjahr gelingt am besten mit gesunden Jungpflanzen. Sie hat viele Methoden und auch verschiedenstes Saatgut ausprobiert und ist heute überzeugt, dass das biologische Saatgut von samenfesten Sorten die besten und gesündesten Pflanzen ergibt.

Die Bäuerin spart nicht beim Saatgutkauf und ist davon überzeugt, dass gerade aus biologischem Saatgut vorgezogene Pflanzen eine besondere Ausstrahlung haben.

Die Anzucht der Jungpflanzen

Um die Jungpflanzen optimal auf die Bedingungen im Freiland vorbereiten zu können, werden sie nicht verwöhnt, sondern gut abgehärtet, denn das ist die beste Ausgangsposition, davon ist die Bäuerin überzeugt. Sie verzichtet deshalb auf künstliches Glashausklima oder wärmere Temperaturen an Glasfenstern oder gar in der Küche.

Die Samen keimen in acht Balkonkistchen, die etwas geschützt im Nahbereich des Hauses aufgestellt werden. An die 200 Pflanzen, Gurken, Salat, jede Menge Kräuter und alles, was für die Selbstversorgung der Familie nötig ist, wird in die Balkonkistchen gesät.

Zusätzlich sät Johanna Marchner-Pichler an die 20 Zucchinipflanzen und zehn Kürbisse in Plastiktöpfe. Sie sät nicht zu dicht und erspart sich somit das Pikieren. Aus den Balkonkistchen kommen die Pflanzen direkt in die Beete.

Diese Anzuchtstation wird mit einem luftdurchlässigen Gartenvlies abgedeckt. Die ersten Tage bleibt das Vlies über den Töpfen; zeigen sich die ersten Keimlinge, wird tagsüber abgedeckt. Manchmal wird ein Kistchen in eine sonnigere Ecke gestellt oder ein anderes in den Halbschatten gerückt. Das flexible System erlaubt es, den Pflanzen optimale Bedingungen zu bieten.

Praxistipps zur Anzucht

- Ganz wichtig ist eine gute biologische Anzuchterde, alle anderen Erdmischungen (auch selbst erzeugte) zeigen einen schlechteren Aufgang, Anfälligkeiten gegen Krankheiten und Schädlinge und einen geringeren Ertrag.
- Keimlinge sollen wenig, dafür aber zweimal täglich gegossen werden, denn sie sollen lediglich feucht gehalten werden Bodenleben ist dann noch in den tieferen Schichten vergraben. Die Beete liegen danach zwei bis drei Wochen brach, und erst kurz vor der Einsaat oder Pflanzung werden die aufgegangenen Unkräuter entfernt.

Die ersten Kürbis-Keimblätter tragen noch die Samenschale als Hütchen. (Foto: J. Korber)

Das Auspflanzen

Für das Umpflanzen in die Beete werden nur bewölkte oder sogar regnerische Tage gewählt. Niemals wird bei sonnigem Wetter umgepflanzt. Johanna Marchner-Pichler achtet sehr darauf, nicht an den Pflanzen zu ziehen. Die behutsam mit viel Erde aus den Balkonkistchen gehobenen Pflanzen werden auf ein Holzbrett gelegt, vorsichtig getrennt und in die mit einem Pflanzholz vorbereiteten Löcher versetzt. Das Erdreich wird fest angedrückt und rund um die Pflanzen gegossen. Unter diesen Bedingungen wachsen die kleinen Pflanzen schon nach zwei bis fünf Tagen wieder weiter. Bei sonnigem Wetter wäre das nicht möglich. Unter ungünstigen Bedingungen kann eine Pflanze dann schon bis zu zwei Wochen brauchen, um sich vom Schock nach dem Umpflanzen zu erholen.

Topinambur blüht schön und ist schnittverträglich. (Foto: Floramedia)

Topinambur als Helfer im Garten

Topinambur lockert verdichtete Böden, deshalb wurde die Staude im Garten von Johanna Marchner-Pichler angesiedelt. In ihrem Garten, der teilweise verdichtete, steinige Böden aufweist, hat Topinambur gute Dienste in der Bodenvorbereitung geleistet. Heute ist die Pflanze, dank der Mithilfe von Mäusen, im ganzen Garten verbreitet. Allerdings auch nicht überall erwünscht. Einmal im Garten ansässig geworden, lässt sich Topinambur nicht mehr ohne Weiteres entfernen. Das muss man beim Pflanzen der Staude bedenken.

Die hochgeschätzte Brennnessel

Eine Pflanze, die im Garten von Johanna Marchner-Pichler besondere Wertschätzung genießt, ist die Brennnessel. Sie ist überall willkommen, die Blätter werden verschiedentlich genutzt, und die Pflanzen wird regelmäßig eingekürzt. In ihrer Küche, aber auch für die Tiergesundheit, ist die Brennnessel heute unentbehrlich geworden.

Als Teepflanze, für Aufstriche und Spinat, für Suppen und sogar als Limonade – ein Auszug von Brennnesseln, gemischt mit

Orangensaft und Honig – finden die Blätter Verwendung. Auch als spezielles heilendes Heu werden größere Brennnesselflächen gemäht. Das Heu wirkt blutreinigend und stärkt die Tiere. Ganz wichtig ist auch der Einsatz als düngende und stärkende Pflanzenjauche im Garten (siehe Seite 91). Überall, wo sie wächst, hat die Brennnessel eine gute Wirkung auf ihr Umfeld, berichtet Johanna Machner-Pichler. So begann ein alter Obstbaum nach 14 Jahren wieder Früchte zu tragen, nachdem mehrere Brennnesselstöcke daruntergesetzt wurden.

Harmonie im Garten

Der Garten ist heute viel mehr als nur ein Nutzgarten für Johanna Marchner-Pichler. Eine Vielfalt an Blumen wird gefördert, um die Blütenbestäubung anzuregen. Ganz wichtig sind Ringelblume und Borretsch, die sich bereits selbst aussäen und auch gern geduldet werden. Die Ringelblume hat eine heilsame Ausstrahlung, auch für den Garten. Schon der Geruch der Pflanze wirkt heilsam beruhigend. Die Blüten sind wichtig als Grundlage für viele Heilmittel und werden auch für Tees oder Salate großzügig verwendet.

Den Garten harmonisieren und zu einem Wohlfühlort machen, das liegt der Bäuerin besonders am Herzen. Viele verschiedene Blumentöpfe und Windspiele, die in den Obstbäumen hängen, hauchen ihrem Garten Leben ein. So ist er heute viel mehr als ein Nutzgarten. Er ist eine Kraftquelle, ein Ort, der Ruhe und Geborgenheit ausstrahlt und für die Familie einen wichtigen Lebensbereich darstellt.

IIm bäuerlichen Gemüsegarten sind immer auch bunte Blumen zu finden. (Foto: H. Pirker)

Der Garten wird bepflanzt

Schon im Winter machen sich Gärtnerinnen und Gärtner Gedanken über die Planung für das nächste Gartenjahr. Auf den Bauernhöfen haben Bäuerinnen schon früh erkannt, wie wichtig eine gute Planung und Einteilung ist.

Gemüsepflanzen haben besondere Ansprüche und wachsen am besten neben ganz bestimmten Nachbarn. Jährlich sollten sie auf einem anderen Platz stehen, damit der Boden nicht ermüdet und Schädlinge und Krankheiten sich nicht ausbreiten. Eine gute Gartenplanung beinhaltet daher, abgesehen von einer realistischen Bedarfsplanung, auch Fruchtfolge- und Mischkulturplanung.

Borretsch ist eine typische Bauerngartenpflanze, die vielseitig verwendbar ist. (Foto: K. Hochegger)

Bedarfsplanung

Viele Gärtnerinnen und Gärtner werden beim Bestellen der Samen oder beim Einkauf der Jungpflanzen von einer großen Begeisterung erfasst. Vor dem inneren Gärtnerauge erscheinen meterhohe Tomaten, Salatfelder und kinderkopfgroße Kohlrabiköpfe. Die Frage, wer das alles essen soll, bleibt vorerst unbeantwortet. Zum Glück – muss man des Öfteren insgeheim sagen – gedeihen nicht alle Pflanzen. Doch auch ohne diese Ausfälle sollte man sich ehrlich fragen: „Will ich im Juni jeden Tag Erbsen und im August jeden Tag Zucchini essen?" Besser ist es, von allem etwas weniger einzuplanen. Ein bis zwei gut gedeihende Zucchinipflanzen bringen in einem Gartensommer schon fast mehr, als man verwenden kann. Dem Gartenplan sollte daher eine realistische Einschätzung der Essgewohnheiten zugrunde gelegt werden. Dabei kann die Tabelle auf Seite 66 von lagerbaren Gemüsearten und solchen, die am besten frisch verzehrt werden sollten, hilfreich sein. Erntet man zum Beispiel acht anstelle von drei gut lagerfähigen Kürbissen, so ist das weniger problematisch, doch wenn zehn Salatköpfe anfangen zu schießen, dann wird es schwierig werden, in einer Woche alle Köpfe zu verwerten; außer natürlich man hat die Möglichkeit, mindestens drei Salat- oder Grillparties zu veranstalten.

So wird's gemacht

Die jungen Pflänzchen sollten, möglichst ohne ihr Wachstum zu verlangsamen, in die Gartenbeete gepflanzt werden. Bei allen Pflanzen, die in Töpfchen gesät wurden, ist das meist unproblematisch. Sie können mitsamt der Erde vorsichtig aus dem Topf genommen und in ein vorbereitetes Loch an Ort und Stelle gesetzt werden. Der Wurzelballen erleidet dabei kaum Verletzungen. Bei Jungpflanzen, die aus dem Frühbeet oder aus Kistchen kommen, muss man mehr aufpassen, denn die Ausbreitung der Wurzeln ist schon weiter vorangeschritten und wurde nicht durch Topfwände beschränkt.

Das Aus- und Umpflanzen sollte an bedeckten oder sogar regnerischen Tagen durchgeführt werden. Sind die Pflanzen schon so groß geworden, dass sie dringend umgepflanzt werden müssen, so beschattet man die Jungpflanzen für ein bis drei Tage.

Mit einer Pflanzschaufel oder einem Setzholz wird ein ausreichend großes Loch ausgehoben und der Wurzelballen gut festgedrückt und eingegossen. In das Loch kann eine Starthilfe aus Kompost gegeben werden. Vor dem Einpflanzen lohnt es sich, die Wurzelballen in ein Wurzelbad aus gut verdünnter Brennnesseljauche zu stellen. Neben dem Angießen nach der Pflanzung ist auch die Pflanztiefe wichtig. Nur wenige Pflanzen vertragen es, wenn sie zu tief gepflanzt werden. Besonders Salat, Zwiebeln und Sellerie sind empfindlich; Kohlgewächse sind etwas robuster. Lauch kann in kleine Gruben oder Rillen gepflanzt und diese nach und nach angehäufelt werden.

Nur Tomaten und Gurken können tiefer in die Erde kommen. Sie bilden dann am Stängel neue Wurzeln aus.

Beim Pikieren, also wenn die Keimlinge aus den Saatkistchen in Töpfe gesetzt werden, und beim Auspflanzen ins Gartenbeet sollte man die Wurzeln um etwa ein Drittel einkürzen, denn das regt das Wurzelwachstum an.

Tipps für die ersten Pflanzungen

- Sobald vier Blätter zu sehen sind, können die meisten Jungpflanzen versetzt werden.
- Am Abend vor dem Auspflanzen gießt man die Jungpflanzen kräftig. Wurzelnackte Pflänzchen aus der Gärtnerei in feuchtes Papier einwickeln.
- Man kann die größten Blätter der Setzlinge schneiden oder einkürzen, damit verlieren sie weniger Wasser durch Verdunstung.

Kraut, Rote Rüben, Sellerie und Petersilie sind gute Nachbarn. (Foto: H. Pirker)

Lagerfähiges und hauptsächlich für den Frischverzehr geeignetes Gemüse (Gemüse für den Frischverzehr kann meist auch eingefroren werden.)

Gemüse	Lagerung	Eignung
Blumenkohl		Hauptsächlich für den Frischverzehr geeignet.
Brokkoli		Hauptsächlich für den Frischverzehr geeignet.
Buschbohne		Hauptsächlich für den Frischverzehr geeignet.
Endivie	In Sand eingeschlagen lagerfähig.	
Feuerbohne	Getrocknet einige Jahre lagerfähig.	
Gurke		Hauptsächlich für den Frischverzehr geeignet.
Karotte	In Sand eingeschlagen lagerfähig.	
Kartoffel	In einem kühlen Raum im Dunkeln lagerfähig.	
Knoblauch	Getrocknet sechs Monate lagerfähig.	
Kohlrabi		Hauptsächlich für den Frischverzehr geeignet.
Kopfsalat		Sollte am besten frisch verzehrt werden, für eine längere Versorgung pflanzt man in Etappen.
Kürbis	Je nach Sorte bis sechs Monate lagerfähig.	
Mangold		Hauptsächlich für den Frischverzehr geeignet.
Markerbse		Hauptsächlich für den Frischverzehr geeignet.
Palerbse	Getrocknet mehrere Jahre lagerfähig.	

Lagerfähiges und hauptsächlich für den Frischverzehr geeignetes Gemüse (Gemüse für den Frischverzehr kann meist auch eingefroren werden.)

Gemüse	Lagerung	Eignung
Paprika		Hauptsächlich für den Frischverzehr geeignet.
Pastinake	In Sand eingeschlagen lagerfähig; kann im Garten überwintern; vor Wühlmäusen schützen.	
Porree	Im Keller zwei Wochen lagerfähig; einige Sorten können im Garten überwintern.	
Radieschen		Hauptsächlich für den Frischverzehr geeignet.
Rote Rübe	In Sand eingeschlagen lagerfähig.	
Rotkraut	In einem kühlen Raum mit genügend Luftfeuchtigkeit lagerfähig.	
Schalotte	In einem trockenen kühlen Raum lagerfähig.	
Sellerie	In Sand eingeschlagen lagerfähig.	
Stangenbohne	Trockenbohnen sind über mehrere Jahre lagerfähig.	Fisolen sind für den Frischverzehr geeignet.
Tomate		In Zeitungen eingewickelt können grüne Tomaten gut nachreifen.
Weißkraut	In einem kühlen Raum mit genügend Luftfeuchtigkeit lagerfähig.	
Zucchini		Hauptsächlich für den Frischverzehr geeignet.
Zuckererbse		Hauptsächlich für den Frischverzehr geeignet.
Zwiebel	In einem trockenen kühlen Raum lagerfähig.	

Gemüsepflanzen und ihre Partner

Mit der Fruchtfolge wird eine möglichst vielfältige Reihenfolge verschiedener Kulturen angestrebt, die von Jahr zu Jahr auf demselben Standort gedeihen. Gemüsearten aus unterschiedlichen botanischen Familien mit unterschiedlichen Wurzelsystemen, Wachstumsformen, Nährstoffbedarf und Krankheitsanfälligkeit werden auf den Beeten abgewechselt.

Schon im Mittelalter wurde das Prinzip der Fruchtfolge mit der Dreifelderwirtschaft eingeführt. Damals wurde zwischen Wintergetreide, Sommergetreide und Brache abgewechselt. Heute wird durch Gründüngung und Kartoffelanbau eine möglichst vielfältige Fruchtfolge in der Landwirtschaft vorgeschrieben.

Nutzen der Fruchtfolge

Häufig kommt es zu Krankheitsanfälligkeit und schlechtem Wachstum, wenn Gemüse aus derselben Familie mehrere Jahre hintereinander am selben Platz angebaut werden. Arten, die miteinander verwandt sind, sollten im Abstand von mindestens drei Jahren nicht auf das gleiche Beet gepflanzt werden. Dies gilt vor allem für Hauptkulturen und für Kulturen, die im Vorjahr Probleme bereitet haben. Besonders anfällig für Fruchtfolgeprobleme sind Arten aus der Familie der Kreuzblütler, zu denen die Kohlgewächse gehören. Auch Gänsefußgewächse wie Spinat, Mangold und Rote Rübe sollten jährlich ihren Platz wechseln. Leguminosen (zum Beispiel Erbsen und Bohnen) und Doldenblütler (zum Beispiel Karotten und Pastinaken) sollten ebenfalls sorgfältig abgewechselt werden. Tomaten bilden eine Ausnahme, denn sie stehen gern jedes Jahr am selben Platz.

Nur wenn die Erde über Jahre hinweg mit sehr gutem Kompost versorgt ist, spielt die Fruchtfolge für das Gedeihen eine untergeordnete Rolle. Wer Gemüse – wie in vielen Bauerngärten üblich – in Reihen anbaut und Mischkulturplanung betreibt, kann jährlich die Reihen wechseln.

Familienzugehörigkeit

- Kreuzblütler: Blumenkohl, Brokkoli, Chinakohl, Grünkohl, Kopfkohl, Kohlrabi, Kresse, Radieschen, Rettich, Rosenkohl, Rucola, Senf, Wirsing, Blumenkohl
- Hülsenfrüchte: Bohne, Erbse, Linse, Lupine, Puffbohne, Wicke
- Doldenblütler: Karotte, Pastinake, Petersilie, Sellerie, Fenchel
- Gänsefußgewächse: Rote Rübe, Mangold, Spinat, Gartenmelde
- Kürbisgewächse: Gurke, Kürbis, Zucchini
- Lauchgewächse: Zwiebel, Lauch, Knoblauch, Schnittlauch
- Nachtschattengewächse: Aubergine, Paprika, Tomate, Kartoffel

Mangold und Rotkraut sollten jährlich den Platz wechseln. (Foto: H. Pirker)

Fruchtfolgesysteme

Es gibt verschiedene Fruchtfolgesysteme, die allesamt einfach umzusetzen sind.

Fruchtfolge nach Düngebedarf – Wechsel von Stark- und Schwachzehrern

Der Begriff Stark- oder Schwachzehrer bezieht sich in erster Linie auf den Nährstoffbedarf der Pflanzen. Die Gruppierung von Pflanzen nach ihrem Nährstoffbedarf ist eine gängige Methode in der Fruchtfolgeplanung. Dabei ist allerdings darauf zu achten, dass unverträgliche Arten, zum Beispiel Erbse und Bohne, die den gleichen Nährstoffbedarf haben, nicht in direkter Nachbarschaft angebaut werden.

Starkzehrer und Mittelzehrer

- Zu den Starkzehrern zählen Sellerie, Kürbis, Gurke, Zucchini, Kohlgewächse, Tomate und Kartoffel.
- Zu den Mittelzehrern zählen: Salat, Mangold, Zwiebel, Knoblauch, Lauch, Rote Rübe, Radieschen und Paprika. Lauch verträgt etwas mehr Düngung und kann auch bei den Starkzehrern angebaut oder zusätzlich mit Kompost und Kopfdüngung versorgt werden.

Das folgende Schema für Fruchtwechsel und Düngung erleichtert die Planung eines Gemüsegartens. Die Anbaufläche wird dabei in drei Bereiche unterteilt, die unterschiedlich gedüngt und vorbereitet werden. Um das System zu vereinfachen, wird ein Bereich oder ein Beet mit nur einer Pflanzenart bebaut. Wer gern noch mehr Vielfalt schaffen will, kann dies durch Mischkultur erzielen (siehe Seite 78).

Beet 1 für Starkzehrer mit hohem Nährstoffbedarf Dieses Beet wird gut mit Nährstoffen vorsorgt. Ein Erstumbruch eignet sich beispielsweise für Starkzehrer. Frisch angelegte Hügelbeete oder erhöhte Gartenbeete, wo im Frühling Kompost und organisches Material eingearbeitet werden, sind ebenfalls in den ersten zwei Jahren für Starkzehrer geeignet. Bei bestehenden Beeten wird im Frühjahr oberflächlich reifer Kompost eingearbeitet (etwa 2–3 l/m²). Die Pflanzen können während der Wachstumsphase auch noch zusätzlich mit einer stickstoffhaltigen Kopfdüngung aus Komposttee oder Brennnesseljauche versorgt werden (siehe Seite 91).

Beet 2 für Mittelzehrer mit mittlerem Nährstoffbedarf

Dieses Beet benötigt eine geringere Kompostgabe im Frühjahr und eine Gründüngung über den Winter.

Beet 3 für Schwachzehrer, die dem Boden wenig entziehen beziehungsweise ihn sogar verbessern.

Dieses Beet kann während der Wachstumszeit ohne Düngung auskommen. Es wird dann im Herbst wieder für die Starkzehrer vorbereitet.

Zu den Schwachzehrern zählen: Erbse, Buschbohne, Karotte, Pastinake sowie Blumen und Kräuter wie Kapuzinerkresse, Tagetes, Kamille, Borretsch, Majoran, Bohnenkraut und andere. Die Wurzeln von Erbse und Bohne sollten im Boden bleiben

Die Einteilung des Gemüsegartens in Beete ermöglicht eine gute Fruchtfolgeplanung. (Foto: H. Pirker)

und Halme und Blätter als Mulch verwendet werden. Stangenbohnen eignen sich nicht als Schwachzehrer, da sie einen höheren Nährstoffbedarf haben.

Biologisch-dynamische Fruchtfolge

In dieser Form der Gartenwirtschaft, die auf Rudolf Steiner zurückgeht, wird einem lebendigen, gesunden Boden besonderes Augenmerk geschenkt. Zusätzliche Düngung ist durch den bestens belebten und gut mit Kompost versorgten Boden nicht nötig. Alle Pflanzen erhalten die von ihnen benötigten Nährstoffe. Dazu müssen die Böden aber über Jahre vorbereitet sein, was bei der Neuanlage eines Gartens allerdings nicht gewährleistet ist.

Bei dieser Fruchtfolgemethode wird zwischen Blatt-, Frucht-, Wurzel- und Blütengemüsepflanzen unterschieden. So werden im ersten Jahr Fruchtgemüse (zum Beispiel Tomate, Paprika), im zweiten Jahr Wurzelgemüse (zum Beispiel Karotte, Pastinake, Rote Rübe), im dritten Jahr Blattgemüse (zum Beispiel Salat, Mangold, Spinat) und zuletzt, im vierten Jahr, Blumen und Kräuter auf einem Beet angebaut. Auch hierbei muss darauf geachtet werden, dass unverträgliche Arten nicht in direkter Nachbarschaft auf ein Beet kommen. Das Beet wird in jedem Jahr mit Kompost versorgt.

Bei der biologisch-dynamischen Fruchtfolge kommt Mangold als Blattgemüse im dritten Jahr auf das Beet. (Foto: IrisArt, fotolia)

Kulturfolge

Die Kulturfolge, also der Anbau von mehreren Gemüsekulturen nacheinander auf einem Beet während eines Jahres, kennzeichnet den intensiven Gartenbau. Dies gelingt vor allem bei Gemüsekulturen mit kurzer Vegetationsdauer wie beispielsweise Radieschen oder Salat. Durch Jungpflanzenanzucht, Verwendung von Folien oder Vlies kann die Vegetationsperiode verlängert werden. Dabei unterscheidet man Vor-, Haupt- und Nachkultur. Als Hauptkultur bezeichnet man alle Gemüsekulturen, die eine lange Vegetationszeit haben. Bei der Planung der Kulturfolge geht es in erster Linie um die Ausnutzung einer Vegetationszeit für mehrere Kulturen. Dabei wird das Hauptaugenmerk auf die gute Kombinierbarkeit der Wuchsdauer gelegt. Die Fruchtfolge wird hierbei vernachlässigt, es kann also durchaus in einem Beet innerhalb eines Jahres Salat nach Salat angebaut werden.

Aus der Praxis:
Mischkultur und Fruchtfolge im Gemüsegarten von Cilli und Christine Weißensteiner

(Foto: H. Pirker)

Cäcilia, genannt Cilli, Weißensteiner und ihre Tochter Christine bewirtschaften etwa 200 m² Gemüseanbaufläche in drei verschiedenen Gärten. Für Cilli Weißensteiner gehört ein großer Gemüsegarten schon zu ihren Kindheitserinnerungen. Auf einem abgelegenen Bauernhof aufgewachsen, hat sie fast vollständige Selbstversorgung mit allen Lebensmitteln mitbekommen, sogar das Getreide wurde am Hof angebaut und zur Mühle gebracht. Allein der Gemüsegarten hatte die beachtliche Größe von 150 m², dazu kamen noch Kraut-, Rüben- und Kartoffelacker sowie Obstbäume und Beerensträucher und natürlich viele Tiere.

Gelungene Selbstversorgung

Mutter und Tochter praktizieren den Gemüsebau mit außerordentlicher Intensität. Auf der Basis des Erfahrungswissens von vielen Jahren Gartenarbeit und neuen Erkenntnissen werden seltene Sorten und Gartenbaumethoden aus dem Bereich Permakultur ausprobiert.

Die beiden Bäuerinnen legten nach Permakulturart ein neues Beet an, indem sie im Herbst ein Stück Wiese mit Pappe abdeckten und mit altem Mist (ca. 20 cm hoch) mulchten. Im Frühjahr war das Beet bereit zur Bepflanzung mit Kraut, im

Cilli Weißensteiner begutachtet die Mischkultur von Erdbeeren und Knoblauch auf dem neu angelegten Beet. (Foto: J. Korber)

Der Garten mit den Krautpflanzen wird regelmäßig gemulcht. (Foto: J. Korber)

Herbst wurden darauf Erdbeeren gesetzt, gemischt mit Knoblauch. Auch ein weiteres Folienhaus für Tomaten ist in Planung. Der Garten und die Zahl der Produkte wächst Jahr für Jahr, und das Wissen um erfolgreiche Anbaumethoden wird immer reichhaltiger. Gelungene Selbstversorgung, die sogar noch im Frühjahr eine mit den Köstlichkeiten des letzten Gartenjahrs gefüllte Speisekammer beschert. Genug, um weiterzugeben und herzuschenken.

Dabei hatte die Familie Weißensteiner durch eine Hangrutschung Wohnhaus, Stallgebäude und auch die alten Gartenanlagen ganz verloren. Alles musste neu gebaut und angelegt werden. Anfangs wurde der neu angelegte Garten jährlich mit dem Traktor gepflügt, doch nach Jahren konnte Cilli Weißensteiner es nicht mehr gutheißen, den schweren Traktor in ihren Garten zu lassen. Mit neuen Methoden, vor allem mit ständigem Mulchen, ist der Boden heute so weit verbessert, dass er nicht mehr umgegraben werden muss.

Als Mulchmaterial werden alter Rinder- und Schafmist verwendet. Im Herbst wird die ganze Fläche mit Effektiven Mikroorganismen (EM) besprüht und mit Gesteinsmehl bestreut. Die Zahl der Regenwürmer steigt seither deutlich, die Bodenfruchtbarkeit ist hervorragend, und die Pflanzen sind gesund.

Der Hauptgarten beim Bauernhaus besteht bis auf einen Randstreifen, der mit Blumen bepflanzt ist, aus einer Gesamtfläche von etwa 100 m^2. Fruchtfolge und Mischkultur werden jährlich überdacht und neu geplant. Die Beete werden im Frühjahr ganz akkurat mit einer Schnur eingeteilt, dazwischen bleiben schmale Gehwege, auf die bei Regen Bretter gelegt werden.

Erfolgreiche Mischkultur

Karotten und Zwiebeln werden immer gemeinsam angebaut – eine Reihe Karotten, eine Reihe Zwiebeln. Auch die Kombination von Kraut und Kopfsalat hat eine lange Tradition. „Wenn das Kraut zum Anhäufeln ist, dann ist der Salat schon fertig", hat Cilli Weißensteiners Mutter früher immer gesagt. Der Salat wird in diesem Fall als Zwischenkultur verwendet. Heute wird jedoch nicht mehr angehäufelt, sondern gemulcht. Allerdings war im letzten Jahr zu viel Mulchmaterial zwischen die Krautblätter gelangt, und der Rasenschnitt hatte zu faulen begonnen. In diesem Jahr wird die Bäuerin deshalb vorsichtiger arbeiten und nur den Boden mulchen.

Erdbeeren werden mit Knoblauch gemeinsam angebaut, wobei ein Teil des Knoblauchs im Frühjahr und ein Teil im Herbst gesteckt wird.

Zwei Ernten auf einem Beet

Sorgfältig wird jeder Platz genutzt und nach der Ernte auf dem Salatbeet nochmals Endiviensalat gepflanzt. Dabei folgt Cilli Weißensteiner auch einer alten Bauernregel: Nach dem 26. Juli (St. Anna) wird kein Kopfsalat mehr gepflanzt.

Auch nach den Kartoffeln werden die Beete nochmals bepflanzt, was die Ernte auf der Fläche deutlich erhöht. Zuckerhut und Endiviensalat werden dort bevorzugt gesetzt und seit einem Jahr auch die Herbstrübe – eine alte Kulturpflanze, die früher im Alpengebiet weit verbreitet war, heute aber in kaum einem Garten zu finden ist. Christine Weissensteiner hat die Pflanze mit nach Hause gebracht, nachdem sie bei einer Studienkollegin einmal vom Rübensalat kosten durfte. Nun gehört sie bereits zum festen Bestandteil des Gartens und wird gerne frisch als Salat zubereitet. Die Rübe ist gut lagerfähig und hält sich bis in den Frühling.

Da die beiden Frauen nun „auf die Rüben gekommen sind", werden auch erstmals Mairüben kultiviert, die bereits in kleinen Töpfen vorgezogen wurden. Mairüben sind nicht lagerbar und werden ab Juni immer zum Frischverzehr geerntet.

Herbstrüben werden von Oktober bis November geerntet und können gut gelagert werden. (Foto: Floramedia)

Pflanzabstände

Von ihrer Mutter hat Cilli Weißensteiner auch das Arbeiten mit einem Setzholz übernommen. Ein Aststück mit 20 cm wird für das Abmessen der Abstände zwischen die Jungpflanzen gelegt. Beim Kraut wird das Setzholz zweimal gelegt (40 cm) und dann auch zweimal zur nächsten Reihe. Gesetzt wird in die Lücken der benachbarten Krautreihe, also um eine Pflanze versetzt. Richtige Pflanzabstände ermöglichen die bestmögliche Ausnutzung des Platzes, ohne dabei die einzelnen Pflanzen zu beengen. Im Garten ist dies wichtig, da der Platz begrenzt ist und ökonomisch damit umgegangen werden soll.

Fruchtfolge

Da der zweite Garten von „Zwergerln" bewohnt werden, die das Wurzelgemüse anknabbern, wird in diesem Jahr dort vor allem das Kraut und die Kohlgewächse angebaut. Alles Wurzelgemüse kommt in den anderen Garten. Auf die Frage, wer denn diese liebevoll bezeichneten Zwergerln sind, lachen beide Frauen und meinen, dass es sich um Maulwurfsgrillen handelt. Ein eher seltener Schädling, aus der Gruppe der Heuschrecken, der sich in tiefgründigen, humosen Böden wohlfühlt. Mit dem Fruchtwechsel, davon sind die Bäuerinnen überzeugt, verringern sich die Probleme ganz von selbst, und überhaupt lassen sie sich von den Grillen nicht im Geringsten aus der Ruhe bringen.

Tomaten und andere wärmebedürftige Arten werden an einem geschützten Platz vorgezogen. (Foto: J. Korber)

Auch über Schnecken oder andere unbeliebte Gartenbesucher wird nicht geklagt. „Tun muss man schon etwas", heißt es, und damit ist das regelmäßige Abklauben gemeint.

Die Fruchtfolge wird auch im Mischkulturgarten eingehalten. Die Reihen oder Beete werden im nächsten Jahr gewechselt und mit Kulturen aus anderen Familien bepflanzt. Dabei wird ein vierjähriger Abstand eingehalten, bis eine Kultur wieder auf den gleichen Platz kommt. Um das alles nicht durcheinanderzubringen, wird jedes Jahr ein Anbauplan ausgearbeitet.

Kultiviert werden im Garten der Familie Weißensteiner hauptsächlich die folgenden Gemüsearten: Karotte, Pastinake, Sellerie, Salat, Rote Rübe, Kohlrabi, verschiedene Kohlgewächse, Brokkoli, Mairübe, Herbstrübe, Spitzkraut, Rotkraut und weitere Krautsorten, Buschbohne, Stangenbohne, Lauch und Zwiebel.

Für Kürbisse, Zucchini, Gurken, Tomaten und Paprika gibt es besondere Plätze. Tomaten und Paprika werden in einem Folientunnel angebaut. Sie gedeihen dort am besten, nur die Kraut- und Knollenfäule kann eventuell bei kalter Witterung und durch die hohe Luftfeuchtigkeit Probleme machen. Dies wird jedoch als Herausforderung angenommen, um weiter zu lernen und zu verbessern.

Die eigenen Jungpflanzen

Cilli und Christine Weißensteiner sind stolz darauf, in diesem Jahr nur Jungpflanzen aus eigenem Anbau zu verwenden. Das war nicht immer so, früher wurden viele

Wird die Krautpflanze Samen zur Vermehrung liefern? (Foto: J. Korber)

Jungpflanzen zugekauft. Seit sie biologisches Saatgut von samenfesten Sorten verwenden und auch die eigenen Pflänzchen heranziehen, bemerkt Cilli Weißensteiner den Unterschied zu früher besonders deutlich. Vor allem die Krautpflanzen sind so vital und stattlich, aber auch der Sellerie hat sich ganz besonders schön entwickelt. Sie zeigt die Größe der geernteten Sellerieknollen mit ihren Händen so bildlich, dass man sie direkt vor sich sieht. Als Anzuchtstation für die große Menge an Jungpflanzen dient ein kleines Gewächshaus. Die Pflanzerde wird aus Kompost und Sand selbst gemischt. Die Pflanzen werden in kleine Töpfe (3 x 3 cm) oder in Anzuchtschalen gesät. Aus den Anzuchtschalen wird dann pikiert und ebenfalls in kleine Töpfchen umgesetzt. Oft sind die kleinen Erdballen ganz durchwurzelt, wenn sie ausgepflanzt werden, und wachsen dann rasch weiter.

In den nächsten Jahren möchten die Bäuerinnen auch das eigene Saatgut produzieren. Bei Tomaten praktiziert Cilli Weißensteiner die eigene Vermehrung schon seit einiger Zeit. Nun sollen auch erstmals Krautköpfe zur Blüte gebracht werden. Die Pflanzen wurden mit dem Wurzelstock überwintert und sind im Frühjahr bereits ausgepflanzt. Dabei werden unterschiedliche Methoden ausprobiert. Ein Krautkopf wurde ganz abgeschnitten, dabei entwickeln sich oben am Strunk lauter kleine Miniköpfe; bei den anderen Pflanzen wird deutlich, dass der Kopf aufbricht und sich ein Blütenstand entwickeln wird. Lauter spannende Projekte, die aus einem Gemüsegarten auch einen Lern- und Wissensgarten machen.

Der Garten – ein Balsam für die Seele

„Der Garten ist wie Balsam; jeden Tag führt der erste Gang vor der Stallarbeit in das kleine Gewächshaus, und am Abend gilt der letzte Besuch wieder dem Garten", schwärmt Cilli Weißensteiner. Das Wachsen und Gedeihen zu beobachten, vom ersten Aufbrechen der Keimblätter bis zu den reifen Früchten, ist für jeden Gärtner schon Lohn für seine Mühen. Doch auch der Gedanke: „Du bist, was du isst", stellt für Cilli und Christine Weißensteiner eine Motivation für die Gartenarbeit dar. Bewusste Ernährung aus dem eigenen Garten – was gibt es Besseres?

Mischkultur im Bauerngarten

Der Bauerngarten ist durch eine Mischung von Gemüse, Kräutern, Blumen und auch Beerensträuchern gekennzeichnet. Mit Bauerngärten verbinden wir immer ein buntes, vielfältiges Bild. Diese Form der Mischkultur ist stark geprägt durch das Gefühl der Bäuerin und bestimmte Traditionen. Durch Beobachtung und Erfahrung kommen die Bäuerinnen aber oft zu ähnlichen Ergebnissen, wie sie in der Fachliteratur nachzulesen sind.

Im Folgenden werden Beispiele der am häufigsten angebauten Gemüsearten in der Mischkulturplanung beschrieben. Es handelt sich um einfache und gängige Kombinationen, die häufig in Bauerngärten verwendet werden und gut funktionieren.

In Reihen angebaut werden Karotten meist mit Zwiebeln kombiniert.

Sellerie findet man häufig neben Kohlgewächsen wie Brokkoli.

Das Salatbeet wird mit Radieschen und Kohlrabi gemischt. Sobald das Beet abgeerntet ist, wird mit Endiviensalat und/oder Chinakohl nachgepflanzt. Oft sieht man neben dem Salat auch Buschbohnen und Rote Rüben.

Erbsen werden im Bauerngarten überwiegend mit Ästen und Reisern gestützt und in einer Reihe angebaut. Die Bäuerin achtet darauf, dass die Erbsen keinen Schatten auf das danebengepflanzte Gemüse werfen (die Reihen sind nach Nord-Süd ausgerichtet).

Erbsen sind einfach zu kultivieren – nicht nur in Reihen, sondern auch in Kreis- und Zeltform. (Foto: H. Pirker)

Weißkraut wird häufig in Reihen angepflanzt, manchmal neben Kartoffelreihen. Beide Reihen haben einen großen Platzbedarf. Bei geschickter Ausnutzung des Platzes kann Kraut auch mit Salat kombiniert werden.

Tomaten, Gurken, Zucchini oder Kürbisse werden im Bauerngarten oft an einem speziellen Platz angebaut. Kürbisse kommen zum Beispiel an den Mist- oder Komposthaufen. Gurken bekommen ein extra mit Mist vorbereitetes Plätzchen im Garten. In rauen Lagen findet man Tomaten häufig in Töpfen. Werden sie in Beete gepflanzt, dann kommen sie jedes Jahr an denselben Platz. Da viele Pflanzen in Reihen angebaut werden, bekommen auch die Zucchini einen separaten Platz, wo sie sich ausbreiten dürfen.

Erdbeeren haben ebenso wie Rhababer einen eigenen Bereich, wo sie mehrere Jahre bleiben, bis der Boden wieder frisch hergerichtet werden muss. Knoblauch wird gern in das Erdbeerbeet gepflanzt.

Stangenbohnen sind sehr oft weithin sichtbar und klettern an mehr als 2 m hohen Stangen hinauf. Bäuerinnen achten darauf, dass sie an den Nordrand der Beete kommen.

Mischkultur mit Kräutern und Blumen

Nach dem bunten Vorbild der Bauerngärten sollten bei der Mischkulturplanung auch Kräuter und Blumen berücksichtigt werden.

Generell wirken sich alle Kräuter und Blumen, die durch ihre Blüten Insekten und Nützlinge anziehen, positiv auf das Ökosystem Garten aus. Bei vielen Fruchtgemüsen, beispielsweise Kürbis, ist man auf bestäubende Insekten angewiesen, um Früchte zu bekommen. Sonnenblumen, Ringelblumen, Strohblumen oder Borretsch locken Bienen an, die dann auch den Kürbis bestäuben.

Manche alte Bauerngartenpflanzen wie Hanf, Tabak oder Weinraute sind besonders gut zur Abwehr von Schädlingen wie Raupen oder Blattläusen geeignet. Tagetes und Ringelblume wirken vor allem gegen Drahtwürmer, Nematoden oder Wurzelälchen und können auch in der Fruchtfolgeplanung eingesetzt werden. Knoblauch soll Wühlmäuse vertreiben; Kapuzinerkresse und Bohnenkraut wird nachgesagt, dass sie Blattläuse fernhalten.

Nützliche Kräuter für das Gemüsebeet

Einjährige Pflanzen wie Kamille, Kapuzinerkresse, Studentenblume, Borretsch, Majoran und Bohnenkraut wirken sich positiv auf das Wachstum von Gemüse aus. Ringelblumen und Borretsch verschönern jedes Beet und locken Insekten an. Die Blüten können gegessen werden.

Als mehrjährige Pflanzen sind Oregano, Lavendel, Salbei und verschiedene Minzen nützlich. Brennnessel und Baldrian können als Randbepflanzung ihren positiven Einfluss geltend machen.

Zwischen Kraut wachsen selbst ausgesamte Ringelblumen. (Foto: H. Pirker)

Zu einer Mischkultur gehören immer auch Blumen und Kräuter. (Foto: H. Pirker)

Buntes Allerlei

Bunte Blüten, üppige Gemüsereihen – ganz einfach ist es nicht, diese beiden Elemente auf einem Beet zu kombinieren. Bei einer begrenzten Beetfläche muss man sich manchmal für das eine oder das andere entscheiden.

Einjährige Blumen, die wenig Platz benötigen, können jedoch immer als bunte Tupfer im Beet verstreut werden: Schlafmohn, Jungfer im Grünen, Kornrade oder Kornblume nehmen nicht allzu viel Platz weg. Sie säen sich auf offenem Boden auch von selbst aus, und wenn man die Keimlinge erkennt und gedeihen lässt, so wird man jedes Jahr mit bunten Beeten rechnen können. Bei der Kornrade und auch beim Mohn muss man etwas nachhelfen. Öffnen Sie die trockenen Kapseln und verstreuen Sie die Samen im Herbst oder Frühjahr.

Ringelblume oder Borretsch haben einen größeren Platzbedarf. Für diese nützlichen und schönen Pflanzen ist es ratsam, einen kleinen Bereich im Beet, beispielsweise die ersten 30 cm, für Blumen freizulassen. Hierher können unerwünschte Keimlinge übersiedelt werden, und es finden auch gezielt gesäte oder gekaufte Blumen einen Platz.

Einzelne einjährige Sommerblumen, die höher werden, können auch als Blickfang ins Zentrum eines Beets gesetzt werden. Garten-Fuchsschwanz, auch als Amaranth bekannt, oder der Wunderbaum, mit botanischem Namen Ricinus communis, sind besonders attraktiv.

Am Rande

Eher niedrig wachsende Blumenarten können als Beetumrandung zum Einsatz kommen. Niedrige Sorten der Studentenblume, Kapuzinerkresse, Zinnie, Ziertabak und kleine Dahlien eignen sich dafür.

Beeteinfassungen können auch mit mehrjährigen Stauden oder Kräutern gestaltet werden. Lavendel, Thymian, Weinraute oder Ysop machen sich gut und vertreiben außerdem Schädlinge.

Als Abgrenzung im Norden eines Beets können auch höhere Pflanzen wie Sonnenblumen oder hohe Dahlien gesetzt werden.

Ein Platz für Brennnessel und Beinwell

Ein kleines Eck oder ein Streifen neben den Gemüsebeeten oder dem Kompostplatz sollte für Pflanzen reserviert werden, die uns wertvolles Mulchmaterial liefern, zum Beispiel Brennnessel und Beinwell. Beide sind mehrjährig und breiten sich von Jahr zu Jahr etwas mehr aus. Brennnesseln sollten in keinem Garten fehlen, denn verschiedene Schmetterlinge nützen die Pflanzen als Nahrungsquelle und zur Eiablage. Hierzu ist ein sonniger Platz vorteilhafter.

Mehrjähriges Gemüse

Normalerweise finden mehrjährige Gemüsearten nur wenig Beachtung in den Gärten. Da sie für lange Zeit an derselben Stelle stehen, benötigen sie einen geeigneten Platz, an dem sie die Bodenbearbeitung für die wechselnden Aussaaten und Bepflanzungen der einjährigen nicht stören.

Die folgenden Arten gehören in diese Gruppe: Artischocke, Grünspargel, Weißer Spargel, Guter Heinrich, Winterheckenzwiebel, Topinambur, Rhabarber.

Vorteile der Mischkultur

Tiefwurzler und Flachwurzler passen gut zusammen. Bohnen, Karotten, Knollensellerie, Kürbis, Mangold, Paprika, Rote Rübe, Tomate, Pastinake, Weißkraut, Winterendivie, Grünkohl zählen zu den Tiefwurzlern; dagegen entwickeln Erbsen, Feldsalat, Gurken, Kartoffeln, Kohlrabi, Kopfsalat, Zwiebeln, Mais, Melonen, Radieschen, Schalotten, Spinat flache Wurzeln.

Beinwell blüht sehr ausdauernd und lockt Bienen und Hummeln an. (Foto: K. Hochegger)

Im Mischkulturenanbau scheint ein wildes Durcheinander zu herrschen, doch der Schein trügt. (Foto: K. Hochegger)

Kletternde und stützende Arten passen gut zusammen. Stangenbohnen klettern auf hohen Sonnenblumen, Gurken ranken zwischen Sonnenblumen und Mais.

Der gemischte Anbau von Zwiebeln oder Lauch und Karotten wird häufig als Abwehrmethode gegen die Möhrenfliege gepriesen. Auch Schnittlauch neben Karottenreihen hält die Möhrenfliege fern.

Kohlgewächse und Sellerie verringern den Kohlweißlingsbefall und Sellerierost.

Die Mischkultur von Tomaten und Kohlgewächsen wirkt gegen Kohlschädlinge, Petersilie und Lauch hingegen sollen das Aroma der Tomaten positiv beeinflussen. Salat und Radieschen vertreiben sich ebenfalls gegenseitig die Erdflöhe. Auch Kerbel eignet sich gut in Mischkultur mit Salat.

Einjähriges Bohnenkraut schützt die Bohnen vor Blattläusen.

Knoblauch und Zwiebel reduzieren Pilzkrankheiten zum Beispiel an Erdbeeren. Knoblauch passt prinzipiell zu allen Gemüsearten außer Erbse und Bohne.

Mischkultur nach klimatischen Ansprüchen

Zu den wärmebedürftigen Gemüsearten zählen: Gurke, Melone, Kürbis, Zucchini, Bohne, Tomate, Paprika und Mais.

Etwas frostverträglich sind hingegen: Winterporree, Grünkohl und Sprossenkohl, Mangold, Feldsalat und Spinat.

Großen Wasserbedarf haben alle Kohlarten, Gurke, Melone, Kürbis und Zucchini.

Mittleren Wasserbedarf weisen Salat, Spinat, Mangold und Wurzelgemüse auf.

Einen geringen Wasserbedarf haben Zwiebel, Bohne und Erbse.

Erbsen und Bohnen gelten als unverträglich mit Zwiebelgewächsen.

Verschiedene Wurzelgemüse sollten nicht nebeneinander kultiviert werden. Rote Rübe und Karotte gelten als unverträglich.

Tomaten und Kartoffeln stammen aus der gleichen Pflanzenfamilie, und beide Arten können von der Kraut- und Knollenfäule befallen werden. Die beiden Kulturen gelten daher als unverträglich. Auch Petersilie und Sellerie sind unverträglich, weil sie aus der gleichen Pflanzenfamilie stammen.

Kartoffel oder Gurke sind aufgrund ihres großen Platzbedarfs und ihrer Wuchsform nicht sehr verträglich mit Kohlgewächsen oder Erbsen.

Die Pflege im Gartenjahr

(Foto: K. Hochegger)

Das Wasser

Ohne Wasser kein Leben. Das gilt für alle Lebewesen und alles Lebende. Im Garten scheint es auf den ersten Blick einfach, die Pflanzen mit Wasser zu versorgen. Es muss ja nur gegossen werden! Doch gedankenlos ausgeführt kann man sogar beim Gießen Schaden anrichten. Daher ist dem richtigen Gießen auch ein Kapitel in diesem Buch gewidmet.

Nützlicher Regenmesser

In manchen Bauerngärten steht ein Regenmesser, an dem man ablesen kann, wie viel es geregnet hat. 1 mm Niederschlag entspricht der Menge von 1 l Wasser auf 1 m^2 Fläche. Ein durchdringender Regen beträgt mindestens 10–15 mm Niederschlag.

Wasserhaltevermögen des Bodens

Um zu wissen, wie und wann gegossen werden muss, ist es wichtig zu wissen, ob der Gartenboden eher lehmig oder tonig, sandig oder humos ist oder ein locker geschichtetes Hochbeet vorliegt, denn alle diese Böden haben ein unterschiedliches Wasserhaltevermögen. Alle Böden mit einem guten Wasserabfluss, die schnell trocknen und eine sandige, lockere Struktur aufweisen, können unbedenklich gegossen werden. Bei schweren Böden mit einem hohen Anteil an Lehm und Ton sollte man dagegen vorsichtiger vorgehen. Die Beobachtung des Bodens nach einem stärkeren Regenguss ist aufschlussreich zur Beurteilung des Wasserhaltevermögens eines Bodens. Bleiben Lacken oder Pfützen stehen oder fließt das Wasser rasch ab? Lacken deuten auf verdichtete oder sogar staunasse Böden hin. Diese dürfen nicht zu viel gegossen werden. Versickert das Wasser dagegen rasch, hat der Boden ein schlechtes Wasserhaltevermögen und trocknet leicht aus.

Wasser marsch!

Neben der Bodenbeschaffenheit ist die Jahreszeit beim Gießen von besonderer Bedeutung. Im Frühjahr, nach einem schneereichen Winter, kann das Gießen eher schädlich sein, da es die Bodenwärme senkt und der Boden meist noch gut mit der Winterfeuchtigkeit versorgt ist. Im Herbst muss ebenfalls weniger gegossen werden.

Regenwasser oder Leitungswasser?

Regenwasser ist zur Bewässerung der Pflanzen ideal. Es ist meist weniger kalkhaltig und wärmer als Leitungswasser, es kostet nichts, und die Trinkwasserreserven werden geschont. Kaltes Leitungswasser kann dagegen manchen Kulturen einen richtigen Schock versetzen. Wer kein Regenwasser zur Verfügung hat, sollte daher das Leitungswasser vor dem Gießen zuerst in einem längeren Schlauch oder einer Tonne aufwärmen.

Regenwassergewinnung vom Dach

Wenn man die jährliche Niederschlagsmenge mit der Grundfläche des Hauses multipliziert, dann erhält man das Volumen an Wasser, das sich mithilfe des Dachs gewinnen lässt.

Allerdings ist nicht jedes Dach zur Wassergewinnung geeignet, denn manche Materialien sondern Schadstoffe ab.

Wasservorräte anlegen

Wer möglichst viel Gießwasser auf Vorrat haben möchte, sollte sich gleich mehrere Fässer besorgen. Mit einer einfachen Methode kann man einen Überlauf von einer Tonne zur nächsten herstellen: Ein Schlauch wird in Stücke geschnitten, die doppelt so lang wie die Fässer hoch sind. Diese Schlauchteile werden mit Wasser gefüllt. Jeweils ein Ende wird in die mit Wasser gefüllten Tonnen gesteckt. Nun läuft das Wasser aus den Behältern mit höherem Wasserstand so lange in die weniger gefüllten, bis alle in der Höhe übereinstimmen. Wird ein Fass geleert, fließt sogleich Wasser aus den anderen Fässern nach; dabei spielt es keine Rolle, wie viele Tonnen miteinander verbunden sind. In heißen Sommern schwemmt der erste Regenguss jede Menge Dreck und Schadstoffe aus der Luft und von den Dächern und sollte daher nicht verwendet werden.

Gießen oder Sprühen?

Am einfachsten ist es, zum Gießen eine Sprinkleranlage einzusetzen, die die ganze Arbeit verrichtet, während man selbst im Schatten eine Zeitung liest. Doch leider hat diese Methode gleich mehrere Haken. Das Wasser bleibt bei dieser Bewässerungsmethode an der Bodenoberfläche und dringt nicht ein; die Wurzeln werden nicht zum Tiefenwachstum angeregt und bleiben ebenfalls an der Oberfläche, wo sie leicht austrocknen. Ein Drittel des Wassers verdunstet sofort und kommt gar nicht zu den Pflanzen. Pilzkrankheiten können sich ausbreiten, und vor allem Blüten und Früchte leiden unter der Feuchtigkeit. Für Schnecken ist das sanfte Benetzen dagegen sehr förderlich.

Sinnvoll kann an heißen Sommertagen das Besprühen der Pflanzen sein, denn trockene Luft hemmt mitunter das Wachstum von Gemüsearten (vor allem von Arten mit eher weichen Blättern). Wenn dann auch die Taubildung in den heißen Sommermonaten ausfällt, kann das Besprühen das Wachstum fördern. Besprühen wirkt vor allem gegen Überhitzung. Viele Pflanzen stellen bei Temperaturen über 30 °C ihr Wachstum ein.

Besprühen sollte man nur im Hochsommer.

Vorsicht ist geboten bei allen Pflanzen, die anfällig für Mehltaubefall sind.

Besprühen fördert das Blattwachstum, nicht aber Blütenbildung und Fruchtansatz.

Gießkannen mit langem Ausguss eignen sich gut zum Gießen von Hochbeeten. (Foto: D. Ott, fotolia)

Künstliche Bewässerung

Künstliche Bewässerung durch Leitungen oder Anlagen sind im bäuerlichen Garten nicht üblich. Für die Bewässerung von Hügelbeeten oder Hochbeeten, die zu starker Austrocknung neigen, würde sich die Installation einer Tröpfchenbewässerung auszahlen. Tröpfchenbewässerung kann auch mit Regenwasser durchgeführt werden, ein dementsprechend großer und etwas höher gelegener Tank muss dafür aber vorhanden sein.

Wie Bäuerinnen gießen

In den bäuerlichen Gärten wird die Bewässerung nach traditionellen Methoden mit der Gießkanne und der Regentonne durchgeführt. Sehr oft kommt auch der Gartenschlauch zum Einsatz.

Gießkannen oder ein längerer Gartenschlauch werden in der Sonne stehen gelassen und erst am nächsten Tag zum Gießen verwendet.

Im Frühjahr wird nur morgens gegossen, über Nacht gibt es genügend Taubildung.

Gibt es viele Schnecken, wird nur morgens und nicht abends gegossen.

Lieber selten und viel (10–20 l/m²) als oft und wenig gießen.

Für besonders wasserhungrige Gemüsearten wie Tomaten steckt man eine Plastikflasche ohne Boden direkt neben der Pflanze umgekehrt in die Erde. 1–2 l Wasser können dann schnell in die Flasche geleert werden und versickern langsam.

Kaltes Gießwasser kann besonders für wärmeliebende Gemüsearten einen Schock darstellen. Tomaten und Gurken reagieren empfindlich auf zu kaltes Wasser. Bei beiden Pflanzen ist besonders darauf zu achten, die Blätter nicht zu benetzen. Bei der Gurke kann Mehltau und bei der Tomate Krautfäule die Folge sein.

Viele Bäuerinnen gießen hauptsächlich im Frühling beim Umsetzen und in der ersten Phase des Anwachsens. Im Sommer wird viel weniger gegossen.

Der beste Zeitpunkt

Es gibt bestimmte Phasen im Pflanzenwachstum, in denen eine Bewässerung größere Erfolge bringt. Bei Erbsen und Bohnen ist dies während der Samenbildung. Hingegen benötigen Salat und Blattgemüse, Kohlgemüse (besonders Kohlrabi und Radieschen) eine regelmäßige Wasserversorgung während der gesamten

Wachstumsphase. Die Düngung

Die sachgerechte Düngung ist ein schwieriges Kapitel der Gartenwirtschaft. Untersuchungen in Deutschland und Österreich haben gezeigt, dass viele Hausgärten überdüngt sind. Um den Gemüsegarten mit allem zu versorgen, was die Pflanzen brauchen, wird lieber etwas zu viel als zu wenig gedüngt. Auch in den bäuerlichen Gärten wird meist großzügig mit Tiermist gearbeitet, ungeachtet dessen, was der Boden eigentlich benötigt.

Biologische Bewirtschaftung ohne Kunstdünger

Es ist verständlich, dass die liebevoll gezogenen Pflänzchen auch ausreichend ernährt werden sollen. Und Pflanzen reagieren zum Teil gut erkennbar auf Düngergaben. Besonders die wasserlöslichen, industriell hergestellten Kunstdünger werden sofort aufgenommen, doch sie ernähren nur die Pflanzen, nicht das Bodenleben. Eine nachhaltige und längerfristige Bodenfruchtbarkeit, die den Pflanzen zugutekommt, wird damit nicht erreicht.

Wer ohne Kunstdünger auskommen will, und das ist für den biologischen Gartenbau wesentlich, der arbeitet mit Kompost. Auch ohne Tiermist kann dem Kompost organischer Dünger beigefügt und auf diesem Weg sein Nährstoffgehalt erhöht werden.

Die Hauptnährstoffe

Stickstoff ist wesentlich für das Pflanzenwachstum, daher enthalten alle Düngemittel Stickstoffverbindungen. Herrscht ein Mangel an Stickstoff, sind die Blätter der Pflanze blass und schlaff. Bei guter Versorgung haben sie dagegen eine satte grüne Farbe, die Pflanzen wachsen und reifen schnell. Zu viel Stickstoff wiederum führt zu wässrigem und krankheitsanfälligem Gemüse. Kompost, kompostierter Tiermist, Hornspäne oder Hornmehl versorgen den Boden mit ausreichend Stickstoff. Liegen keine Bodenuntersuchungsergebnisse vor, können als Schätzwerte bei Düngeberechnungen die folgenden Zahlen gelten:

- Für tiefgründige und schwere Böden 4–8 g N/m²
- Für leichte und flachgründige Böden 2–4 g N/m²

Gut verrotteter Pferdemist ist ein beliebter Dünger im bäuerlichen Garten. (Foto: Carola Schubbel, fotolia)

Zum Vergleich: Stallmist von Pferden oder Rindern enthält etwa 3–5 g N/kg Mist.

Phosphor ist essenziell für das Pflanzenwachstum. Ein Mangel bringt Wachstumsstörungen, verzögerte Reife, erhöhte Anfälligkeit gegenüber Krankheiten und eine rötliche Verfärbung der Blätter. Gesteinsmehl oder Knochenmehl stellen eine gute Phosphorquelle dar.

Kalium ist für verschiedene Stoffwechselprozesse in der Pflanze nötig und gut für die Fruchtbildung. Ein Mangel lässt ältere Blätter vergilben. Kompost und Mist enthalten genügend Kalium.

Empfehlenswert: Die Bodenuntersuchung

Die Standardbodenuntersuchung informiert über die Kalk-, Kali- und Phosphatversorgung im Boden, und man erfährt, ob man bisher richtig gedüngt hat oder ob man zukünftig sparsamer mit dem Dünger umgehen soll. Folgende Nährstoffgehalte des Bodens sind anzustreben:

- 15–25 mg Phosphat
- 15–35 mg Kalium (K2O)
- 10–15 mg Magnesium (Mg)

pro 100 g Boden.

Bei diesen Werten ist die Versorgung der Pflanzen sichergestellt, eine Erhöhung dieser Werte bringt keinen Ertragszuwachs, sondern eher Qualitätseinbußen.

Bodenprobe nehmen

Das Frühjahr vor den Düngemaßnahmen ist ein günstiger Termin für eine Bodenprobe. An verschiedenen Stellen im Garten werden nun Proben genommen, damit ein Durchschnittswert erzielt wird. Die einfachste Methode ist die Entnahme mit dem Spaten. An der Entnahmestelle wird zuerst ein Spatenstich herausgehoben und verworfen. Anschließend wird senkrecht eine 2 cm starke Scheibe spatentief abgestochen und herausgenommen. Diese Scheibe wird vorsichtig auf einen etwa 3–4 cm breiten Streifen in der Mitte verkleinert und in einen bereitgestellten Eimer geschüttet. Dort werden die verschiedenen Proben (fünf bis zehn) gesammelt und aus der Mischung 500 g für das Untersuchungslabor entnommen. Die Bodenprobe kann in einem Plastikbeutel in einer Luftpolstertasche verschickt werden. Geht es vor allem um die N-Versorgung des Bodens, müsste die Probe gekühlt zur Untersuchungsanstalt gebracht werden oder zumindest sehr rasch eingeschickt werden, da der Stickstoffgehalt sich bei Wärme verändert. Private Labors oder auch Landwirtschaftskammern bieten Bodenuntersuchungen an.

Der Säuregrad des Bodens

Besonders wichtig für die Pflanzen und das Bodenleben ist auch der Säuregrad (pH-Wert) des Bodens. Durch die Zufügung von Kalk oder Gesteinsmehl kann der pH-Wert beeinflusst werden. Generell gilt, dass sandige Böden einen geringeren

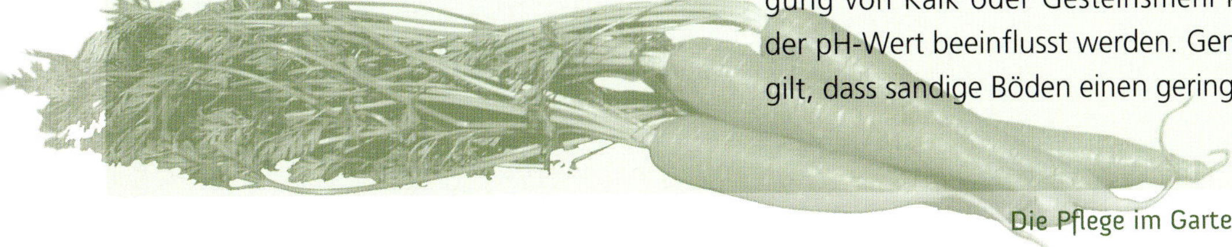

Rotkraut ist bei niedrigem pH-Wert des Bodens eher rot, bei höherem pH-Wert dagegen bläulich. (Foto: Christian Pedant, fotolia)

Kalkbedarf haben als lehmige, der pH-Wert sandiger Böden darf niedriger sein.

Die meisten Gartenpflanzen bevorzugen Böden mit einem pH-Wert zwischen 6 und 7. In Böden mit einem pH-Wert über 7,2 sind die meisten Nährstoffe nicht mehr pflanzenverfügbar. Werden Böden zu sauer (pH unter 5), kann Phosphor nicht mehr von den Pflanzen aufgenommen werden.

- Sand
  pH 5,3–5,7
- Schwach lehmiger Sand
  pH 5,8–6,2
- Lehmiger Sand, sandiger Lehm
  pH 6,3–6,9
- Toniger Lehm und Ton
  pH 6,9–7,2

Umweltgerechte Düngung

Die gute Nachricht für alle, die es gern unkompliziert haben und ihren Garten umweltgerecht bewirtschaften möchten, ohne daraus eine Wissenschaft zu machen, lautet: Drei Liter Kompost pro Jahr und Quadratmeter decken den Nährstoffbedarf der meisten Gartenpflanzen und erhalten längerfristig die Bodenfruchtbarkeit. Mit Kompost kann man wenig falsch machen. Zusätzlich folgt man mit dieser Methode auch einem Grundprinzip, das schon Rudolf Steiner sehr pointiert ausgedrückt hat: „Man muss wissen, dass das Düngen in einer Verlebendigung der Erde bestehen muss." Kompost dient in erster Linie dem Bodenleben, das wiederum Nährstoffe für Pflanzen verfügbar macht. Mit reifem Kompost kann der Boden nicht überdüngt werden.

Pflanzenverfügbare Nährstoffe

In einem humusreichen Gartenboden sind im Allgemeinen große Mengen an Nährstoffen vorhanden. Der größte Teil ist an Humus- und Tonteilchen gebunden, und in dieser Form können Pflanzen die Nährstoffe nicht aufnehmen. Für die Umwandlung in eine wasserlösliche und damit für die Pflanzen verfügbare Form sind vor allem das Bodenleben und teilweise Säureausscheidungen der Pflanzenwurzeln verantwortlich. Auf diese Weise nehmen die Pflanzen genau die Nährstoffe auf, die sie brauchen, alles andere bleibt gebunden und kann nicht ausgewaschen werden.

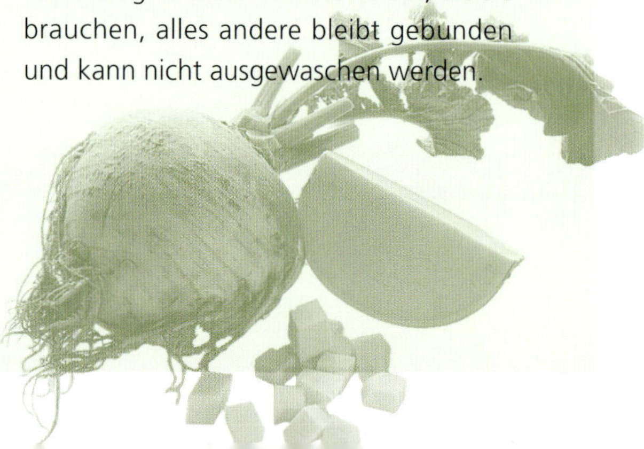

Tipps für eine umweltgerechte Düngung

In Böden mit niedrigem Humusgehalt ist vor allem Stickstoff aufgrund seiner chemischen Eigenschaften leichter löslich und auswaschungsgefährdet. Eine Überdüngung mit Stickstoff verursacht daher überhöhte Nitratgehalte im Grundwasser, aber auch im Gemüse.

Kompost, abgelagerter Mist und organische Dünger verbessern die Bodenstruktur und führen Humus sowie Nährstoffe zu. Je abgelagerter und reifer der Dünger, umso geringer wird die direkte Nährstoffzufuhr, aber umso größer wird die Humuswirkung.

Blattgemüse sollte nicht auf frisch gedüngten Beeten angebaut werden, denn bei Überdüngung können sich in den Blättern gesundheitsschädliche Nitrate ablagern.

Sechs Wochen vor der Ernte sollte nicht mehr gedüngt werden.

Wenn die Sonne kräftig scheint, verarbeiten die Pflanzen Nährstoffe rasch weiter. Das Glas von Gewächshäusern und Folientunneln schluckt einen Teil des Lichts, damit steigt beispielsweise der Nitratgehalt. Unter Glas und Folien daher weniger düngen.

Bei Frost, Trockenheit und stauender Nässe werden weniger Nährstoffe freigesetzt, eine zusätzliche Düngung ist daher zwecklos. Bei feucht-warmer Witterung werden viele Nährstoffe freigesetzt, es besteht auch erhöhte Auswaschungsgefahr.

Nicht direkt auf die Blätter düngen, es könnten Ätzschäden entstehen.

Nicht bei Trockenheit düngen, da ansonsten keine unmittelbare Nährstoffwirkung möglich ist.

Eine Vegetationsdecke im Herbst und Winter verhindert die Auswaschungen von Nährstoffen.

Umgraben und Bodenbearbeitung im Herbst setzen Abbauprozesse in Gang, damit werden Nährstoffe freigesetzt, die ohne Vegetationsdecke nicht verbraucht und ausgewaschen werden.

Gesteinsmehl, organische Düngemittel und Pflanzenjauchen

Gesteinsmehl enthält je nach Herkunft eine unterschiedliche Zusammensetzung an Kalk, Kali und Magnesium. Das fein zerriebene Gestein wirkt allerdings nicht als direktes Düngemittel. Die Mineralien und Spurenelemente müssen erst durch Mikroorganismen und durch Pflanzenausscheidungen aufgelöst und somit pflanzenverfügbar werden. Gesteinsmehl wirkt daher sehr langsam und längerfristig und

Karotten und auch Sellerie brauchen zur Fruchtentwicklung viel Kalium. (Foto: D. Ott, fotolia)

hat auch positive Effekte auf die Bodenstruktur.

Hornmehl ist ein natürlicher Stickstoffdünger, der langsam wirkt. Hornmehl oder Hornspäne sind eine gute Beigabe und Aufbesserung des Komposts.

Knochenmehl ist reich an Phosphorsäure und damit eine gute Ergänzung zum Stallmist.

Holzasche ist reich an Kalium und kann Kompost und Stallmist aufbessern beziehungsweise direkt für Gemüse verwendet werden, die viel Kalium brauchen. Zu viel Holzasche vergrämt allerdings die Regenwürmer. Die Menge von 0,3 l/m² sollte nicht überschritten werden. Enthält die Holzasche auch andere Verbrennungsrückstände, beispielsweise von Plastik, behandeltem Holz oder anderen Stoffen, ist sie nicht als Dünger geeignet.

Gegen Krautfäule

Viele Bäuerinnen raten dazu, Kartoffeln, die in einem Garten zu Krautfäule neigen, vor der Ausbringung in Gesteinsmehl zu wälzen, so kann der Pilzkrankheit vorgebeugt werden.

Flüssig- oder Kopfdünger

Das Vergären von Pflanzenteilen löst die enthaltenen Nährstoffe und Spurenelemente in den Pflanzen und macht sie zu einem schnell verfügbaren Flüssigdünger. Brennnessel, Beinwell und Kohlblätter sind gute Nährstofflieferanten.

Bäuerinnen verwenden Brennnesseljauche zur Düngung und Stärkung der Pflanzen. In der Wachstumsphase wird die Brennnesseljauche ein- bis zweimal angesetzt. Die Herstellung der Jauche erfolgt im Bauerngarten „ganz nebenbei" während der Gartenpflege und ist nicht mit viel Aufwand verbunden.

Brennnesseljauche herstellen

Ein kleineres Fass (50–70 l) oder ein größerer Eimer wird bis zu zwei Dritteln mit Brennnesseln gefüllt. Anschließend wird am besten mit Regenwasser aufgegossen. Das Fass sollte an einem sonnigen Gartenplatz stehen. Nach einiger Zeit beginnt die Jauche zu schäumen und zu stinken, dann schaffen einige Handvoll Gesteinsmehl Abhilfe, denn dadurch werden Geruchsstoffe gebunden. Beim Vorbeigehen wird täglich umgerührt und das Fass auch abgedeckt. Nach etwa 21 Tagen ist die Gärung abgeschlossen. Die Jauche wird im Verhältnis 1 : 10 zum Gießen genützt. Als Dünger und Stärkungsmittel wird die Jauche ein- bis zweimal im Gartenjahr verwendet.

Auch Komposttee ist ein gutes Stärkungsmittel für Gemüsepflanzen und einfach herzustellen: Man hängt einen alten Leinensack oder ein Tuch, gefüllt mit Kompost (5 l), über Nacht in einen mit Wasser gefüllten Eimer oder vermischt 5 l Kompost mit 10 l Wasser und wartet, bis sich die festen Teile abgesetzt haben. Wenn die Lösung wie schwarzer Tee aussieht, ist sie

Phacelia ist eine klassische Gründüngungspflanze. (Foto: Floramedia)

gebrauchsfertig und kann nun unverdünnt einmal pro Woche zum Gießen verwendet werden. Den Kompost kann man so lange benützen, bis die Farbe der Flüssigkeit nicht mehr dunkel wird, dann wird er auf den Beeten verteilt.

Gründüngung

Zu den modernen Methoden des Gartenbaus, die aus der modernen landwirtschaftlichen Praxis kommen, gehört die sogenannte Gründüngung. Eine einfache und sehr hilfreiche Methode zur Bodenverbesserung und Düngung. Abgeerntete oder noch nicht bepflanzte Beete werden mit Gründüngungspflanzen eingesät.

Buchweizen kann als Gründüngung eingesetzt werden. (Foto: Floramedia)

Dadurch werden die Nährstoffe nicht ausgewaschen, sondern aufgeschlossen, die Bodenstruktur durch die Vegetationsdecke verbessert und Unkräuter unterdrückt.

Bodenvorbereitung mit Gründüngung

Einige Gründüngungspflanzen sind sehr hübsch anzusehen. Ringelblume und Sonnenblume eignen sich beispielsweise zur Bodenvorbereitung bei der Anlage eines neuen Gemüsebeets und sind außerdem ein wahrer Augenschmaus. Buchweizen oder Phacelia dienen auch als Bienenweide.

Pflanzen, die den Boden verbessern

Die Gründüngung wird kurz vor der Blüte geschnitten (je nach Fläche mit Sense, Sichel oder sogar Rasenmäher ohne Fangkorb). danach mit einer Unkrauthacke abgehackt oder bei größeren Flächen mit einer Fräse in den Boden eingearbeitet. Arbeitet man größere Mengen an Grünmasse in den Boden ein, so muss man eine vier- bis sechswöchige Pause vor der nächsten Ansaat einplanen. Die Abbauprozesse können keimhemmend wirken, wenn sehr viel frische Grünmasse eingearbeitet wird. Es ist aber auch möglich, die oberirdische Blattmasse als Mulchschicht zu belassen und nicht einzuarbeiten. Vor allem wenn Leguminosen, zum Beispiel Wicken oder Lupinen, als Gründüngungspflanzen verwendet werden, sollten die Wurzeln unbedingt im Boden bleiben. Verwendet man nicht winterharte Arten wie Phacelia, hilft der Frost beim Abbau der Pflanzen. Im Frühjahr können dann die Überreste eingearbeitet werden.

Vorsaat Sobald der Boden im Frühling wieder offen und abgetrocknet ist, können Gründüngungssaaten das erwachende Bodenleben nähren. Sie werden erst kurz vor dem Anbau der Hauptgemüsekultur in den Boden eingearbeitet.

Nachsaat Im Spätsommer, wenn die Beete abgeerntet werden, kommen die Nachsaaten zum Zug. Sie werden nach einer sanften Bodenlockerung und Kompost- oder Mistgaben eingesät, verhindern eine Auswaschung der Nährstoffe und schützen das Bodenleben.

Starthilfe Soll ein Gemüsegarten neu angelegt werden, kann man im ersten Jahr eine Gründüngung zur Bodenverbesserung anbauen. Geeignete Arten sind Lupine (bei kalkarmen Böden), Sonnenblume, gemischt mit Ringelblume und Tagetes.

Die Vorteile der Gründüngung

- Tiefe Bodenlockerung durch die Pflanzenwurzeln
- Belebung des Bodenlebens und nachhaltige Bodenverbesserung durch Humusbildung
- Nährstoffe werden bei einer Winterbegrünung gebunden und nicht ausgewaschen
- Heilung und Vermeidung von Bodenmüdigkeit
- Stickstoffbindung durch Leguminosenarten
- Unterdrückung von Beikräutern

Empfehlenswert

Buchweizen stammt aus der botanischen Familie der Knöterichgewächse und ist daher für eine Erweiterung der Fruchtfolge sehr gut im Gemüsegarten einzusetzen. Buchweizen keimt rasch und friert im Winter ab.

Phacelia erweitert die Fruchtfolge, das dichte Wurzelgeflecht bereitet den Boden gut für die Nachfolgefrucht auf. Eine Aussaat bis Juli kommt noch zur Blüte und dient dann auch als Bienenweide. Frühe Saaten frieren im Winter ab, späte Saaten (Oktober) können überwintern und wachsen im Frühling weiter.

Gelbsenf entwickelt sich besonders rasch und kann schon nach kurzer Zeit den Boden ganz bedecken. Gelbsenf kann beispielsweise nach Kartoffeln eingesät werden. Für eine gute Fruchtfolge sollte er aber nicht auf Beete mit Kohlgewächsen kommen, da er aus der gleichen Familie stammt.

Beikrautregulierung

Jedes Gartenbeet, das sich selbst überlassen wird, ist mit der Zeit von Pflanzen überwuchert. Ein Teil keimt in den Beeten, da ein lebendiger Boden ein großes Samenpotenzial beherbergt. Ein Teil der Pflanzen wandert aus der Umgebung ein, wird über den Wind eingebracht oder kommt durch kriechende Wurzelausläufer auf unterirdischem Weg in das Beet. Ziel der Gartenpflege ist es, diese Eindringlinge abzuwehren und Platz, Licht und Nährstoffe für die Kulturpflanzen zu sichern – ein ständiges Gerangel um die besten Plätze im Gemüsebeet.

Erstaunliche Überlebensstrategien

Bei genauerer Betrachtung hat jedes der sogenannten Unkräuter faszinierende Strategien. Einige Wildpflanzen zeigen uns gewisse Bodenprobleme wie Staunässe oder Verdichtungen an. Andere können als Heilpflanzen oder sogar als Gewürze Verwendung finden, und manche Beikräuter wie die Ehrenpreisarten sind hübsch anzusehen. Ohne den guten Erfolg im Gemüsegarten zu schmälern, können manche dieser Kräuter auch geduldet werden, sie sollten aber nicht dominieren. Vor allem in der ersten Phase bei Einsaat und Pflanzung sind beikrautfreie Beete wichtig.

Jäten

Die einfachste Art, Beikräuter zu entfernen, ist das Jäten mit der Hand.

Eine äußerst meditative Arbeit, die durchaus Spaß machen kann. Jäten mit der Hand ist immer dann angesagt, wenn die Gefahr besteht, dass die Kulturpflanzen durch den Einsatz von Hacken zu Schaden kommen könnten. Eine Reihe mit frisch gekeimten Karottenpflänzchen, die frisch sprießenden Steckzwiebeln oder gekeimte Bohnen werden vorsichtig mit der Hand gejätet. Dabei ist zu beachten, dass bei heißem, trockenem Wetter das Beikraut nicht mit den Wurzeln herausgezogen werden kann. Der Boden ist meist etwas zu hart,

Unkrautjäten gehört zum Gärtnern dazu. (Foto: Hastra, fotolia)

und die Wurzeln brechen leicht ab. Nach einem Regenguss ist der beste Zeitpunkt zum Jäten. Die Pflanzen lassen sich dann leicht herausziehen.

Beikraut ist nicht gleich Beikraut

Die Kenntnis der wichtigsten Beikräuter hilft sehr beim Jäten oder bei der Unterdrückung. Dabei sind vor allem Wurzelunkräuter von einjährigen Arten zu unterscheiden.

Wurzelunkräuter

Wurzelunkräuter vermehren sich durch unterirdische Wurzelausläufer. Schon ein kleines Wurzelstück kann wieder austreiben. Sie können Barrieren unterwandern und sich ungesehen stark ausbreiten. Zu den schwierig zu entfernenden Wurzelunkräutern zählen Quecke und Giersch. Die Quecke ist eine Grasart, die sich durch Wurzelausläufer stark vermehrt. Die hellen, fast weißen Wurzeln bilden lange Ausläufer. Um ein Beet von der Quecke zu befreien, müssen alle Wurzelteile sorgsam ausgegraben werden. Umso fester und verdichteter der Boden, desto schwieriger gelingt dies. Auch ein Beet, in dem sich der Giersch angesiedelt hat, muss sorgsam umgegraben und alle Wurzelteile entfernt werden. Die Wurzeln des Giersch brechen leicht ab und lassen sich nur schwierig entfernen. Weitere Wurzelunkräuter sind Kriechender Hahnenfuß, Zaun- und Ackerwinde, Ackerschachtelhalm und Ackerglockenblume.

Einjährige Beikräuter

Einjährige Beikräuter erkennt man daran, dass sie sich (bis auf wenige Ausnahmen mit Pfahlwurzeln) leicht aus dem Boden ziehen lassen. Sie keimen meist in den Beeten, wo sie durch Samenausbreitung immer wieder hingelangen oder auch mehrere Jahre im Boden überdauern. Um die Beete vor der Einsaat und Pflanzung möglichst frei von den keimenden Beikräutern zu halten, ist eine Bodenbearbeitung kurz vor der Pflanzung oder Saat zu empfehlen. Damit haben die Beikräuter keinen Vorsprung. Zu den eher harmlosen einjährigen Beikräutern zählen Hirtentäschel, Ehrenpreisarten, Gänsefußarten, Vogelmiere oder Gänsedistelarten.

Schöne Blüten, lästig im Beet – Vogelmiere. (Foto: Scarlet61, fotolia)

Jäten im Bauerngarten

Von den Bäuerinnen kann man lernen, dass ständige Pflege, vor allem im Frühjahr, den Beikrautdruck stark reduziert. Traditionell wurde der Boden regelmäßig gelockert und Beikräuter abgehackt, je nach Bedarf mit einer Hacke oder Haue oder bei lockeren Böden mit einem Sauzahn. Bäuerinnen erkennen durch ihr Gartenwissen Beikräuter oft schon im Keimlingsstadium. Sie können hartnäckige Wurzelunkräuter von einjährigen Arten unterscheiden. Sie können auch gut mit Haue oder Hacke umgehen. Dazu gehört das Wissen, wie tief zu hacken ist, wie nahe man an die Kulturpflanzen hacken darf und auch der günstige Zeitpunkt. So vertrocknen die gehackten Beikräuter an einem schönen Tag sehr schnell und dienen dann noch als Mulchschicht. Bei Regenwetter können sie faulen, Schnecken anlocken oder gar wieder anwachsen.

Tipps der Bäuerinnen zur Beikrautregulierung

Wurzelunkräuter werden nicht gehackt, da sie dadurch nicht bekämpft, sondern sogar vermehrt werden, denn jedes Wurzelstückchen kann wieder austreiben.

Dicht wachsende Kulturpflanzen mit wenig offenem Boden bieten den Beikräutern kaum Platz und Licht zum Keimen.

In einem lockeren, feinkrümeligen Boden mit einer guten Bodenstruktur lassen sich Beikräuter leicht entfernen. Verdichtete Böden sind schwer unkrautfrei zu halten. Hier sollte der Boden immer wieder gelockert und längerfristig durch die Zugabe von reifem Kompost und organischer Masse in seiner Struktur verbessert werden. Die Beikrautprobleme, die oftmals Bodenprobleme anzeigen, bessern sich dann von allein.

Kulturen mit einer langen Keimdauer wie Karotte und Pastinake sollten in Reihen gesät werden, dann kann neben den Reihen der Boden regelmäßig gehackt werden.

Regelmäßiges Mulchen reduziert die Beikräuter.

Gartengeräte zur Beikrautentfernung

Das regelmäßige Lockern des Erdreichs um die Kulturpflanzen führt zu einer Durchlüftung des Bodens und gibt den Wurzeln zusätzlichen Raum für ihr Wachstum. Etwas Vorsicht muss man dabei walten lassen, denn die Wurzeln der Kulturpflanzen dürfen durch die Bodenbearbeitung nicht beschädigt werden.

Hacken Im Handel erhältlich sind unterschiedliche Formen. Es gibt Hacken mit kurzem und langem Stiel, mit dreieckigem oder viereckigem Blatt. Dreieckige Blätter lockern den Boden tiefer, gerade Blätter scheren die Beikräuter ab, ohne dabei den Boden zu lockern. Dies kann bei Wegen oder Beeträndern sinnvoll sein.

Sauzahn Die Form der gebogenen Kralle des Sauzahns erinnert an den Zahn des Ebers bei den Wildschweinen, daher stammt der Name. Mit dem Sauzahn kann man auch bei dichter Pflanzung den Boden zwischen den Pflanzen lockern und dabei etwaige Beikräuter entwurzeln. Auch ein Dreizahn eignet sich für diese Arbeit. Der Sauzahn hat traditionell einen langen Stiel, der Dreizahn ist mit kurzem und langem Stiel erhältlich.

Gartenkralle Auch die Gartenkralle arbeitet mit dem Prinzip, dass sich Krallen oder Zähne in die Erde einbohren. In diesem Fall wird durch eine Drehbewegung der Boden gelockert.

Wurzelstecher Für hartnäckige Wurzelunkräuter mit einer tiefen Pfahlwurzel, wie bei Klette und Ampfer, kommt der Wurzelstecher zum Einsatz. Damit kann die Wurzel entfernt werden.

Mulchen

Der Begriff Mulchen stammt aus dem Englischen und bezeichnet das Abdecken des offenen Bodens mit organischem Material. Traditionell wurden Bauerngärten nie gemulcht, sondern der Boden durch ständiges Hacken offen gehalten und Beikräuter regelmäßig entfernt. Das Mulchen gehört zu den modernen Methoden, die heute auch Eingang in die Gärten der Bäuerinnen gefunden haben. Die Amerikanerin Ruth Stout war mit ihrem Werk „Mulch – Gärtnern ohne Arbeit", das 1971 erschienen ist, wegweisend.

Der beste Zeitpunkt

Generell kann man mulchen, sobald der Boden gut erwärmt ist und die jungen Setzlinge oder Keimlinge angewachsen sind. Für eine ganzjährige Mulchdecke sind schwere Böden nicht geeignet, statt

Durch eine Mulchdecke wird die Bodenfeuchtigkeit bewahrt. (Foto: K. Hochegger)

einer Mulchdecke im Winter empfiehlt sich daher eine Gründüngung im Herbst, die im Winter abfriert und den Boden schützt.

Mulchmaterialien

Rasenschnitt fällt in den meisten Gärten an und stellt das billigste und einfachste Mulchmaterial dar. Rasenschnitt bringt Nährstoffe in den Boden und wirkt sich auch positiv auf die Bodenstruktur aus. Zu beachten ist, dass frischer Rasenschnitt leicht fault, wenn er zu dick aufgetragen wird. Faulender Rasenschnitt lockt Schnecken an und ist nicht ideal im Gemüsegarten. Besser ist ein leicht angetrockneter Rasenschnitt, der dünn aufgetragen wird. Dafür wird das Gras auf einer Folie dünn ausgebreitet und einen Sonnentag lang getrocknet. Zusätzlich zum Rasenschnitt sorgen getrocknete Brennnesselblätter und Beinwellblätter für wertvolle Nährstoffe.

Hecken- und Strauchschnitt und andere holzige Abfallprodukte müssen gehäckselt werden. Zum Abbau des Holzes werden Nährstoffe aus dem Boden benötigt, daher eignet sich Gehölzschnitt nur bedingt im Gemüsegarten. Für Sträucher, Stauden und Beeren ist Häckselgut in Kombination mit Kompost ein ideales Mulchmaterial.

Heu und Stroh benötigen ebenfalls Nährstoffe zum Abbau. Für schwere, verdichtete Böden ist dieses dichte, schwer abbaubare Mulchmaterial nur in Kombination mit Kompost zu empfehlen. Es sollte dann auch erst im Sommer gemulcht werden, damit sich der Boden im Frühjahr gut erwärmen kann. Problematisch können außerdem Samen im Heu sein. Stroh ist eher sperrig und daher vor allem bei höher wachsenden Pflanzen geeignet (Tomate, Kürbis, Mais). Erdbeeren werden traditionell mit Stroh gemulcht. Die Früchte liegen auf diese Weise nicht im Regen auf der Erde.

Zeitungspapier und Pappe isolieren den Boden und decken ihn vollständig ab. Zur Unterdrückung von Wurzelunkräutern kann eine Saison lang auf diese Weise gemulcht werden. Im Gemüsegarten ist eine vollständige Abdeckung nicht zu empfehlen, die Bodenstruktur leidet darunter.

Aus der Praxis: Die effiziente Pflege eines historischen Gemüsegartens

(Foto: K. Hochegger)

Martha Zach und Agnes Lemmerer haben die Bewirtschaftung eines besonderen Schau- und Erhaltungsgartens übernommen. Der Jesuitengarten im Naturpark Sölktäler (www.jesuitengarten.at) stellt eine historische Gartenanlage dar. Aus Quellen ist belegt, dass der Garten schon im 17. Jahrhundert von den Jesuiten zur Selbstversorgung genutzt wurde. Im Jahr 2000 wurden die verfallenen Steinmauern, die das steile Gelände terrassieren, wiederaufgebaut, und heute beherbergt der Garten über 200 verschiedene Pflanzenarten, darunter auch alte Gemüsesorten, Kräuter, Heil- und Teepflanzen sowie Blumen.

Die beiden Frauen betreuen den Garten mit großer Begeisterung und viel ehrenamtlichem Engagement. Die Pflege des 180 m² großen Gemüsegartens obliegt Frau Zach. Sie hat schon als Kind mit Vorliebe im Garten gearbeitet. Auf einem abgelegenen Bauernhof aufgewachsen, war die Erzeugung eigener Lebensmittel wesentlich für die Familie. Auch für ihre eigene Familie hatte der Garten und die Selbstversorgung einen hohen Stellenwert. Ausgerüstet mit dem Erfahrungsschatz eines Lebens mit und vom Garten und der Ausbildung als Kräuterpädagogin kann sie heute auch den Schau- und Erhaltungsgarten effizient betreuen.

Agnes Lemmerer verarbeitet die Produkte des Gartens, entwickelt neue Rezepte mit alten Sorten und organisiert viele Gartenveranstaltungen. Als professionelle Köchin empfindet sie den Qualitätsunterschied von direkt vor der Haustür biologisch erzeugtem Gemüse zur üblichen Handelsware als besonders groß. Als Partnerin von Slow Food und Kulinarium Steiermark ist ihr auch die Herkunft und die Nachvollziehbarkeit der Produkte ein großes Anliegen. Was gibt es da Schöneres, als im Jesuitengarten zu ernten? Beim Gang durch den Garten lässt sie sich ganz von ihrer Intuition leiten, sie erntet, was sie gerade sieht und was ihr für den Speiseplan passend erscheint, und bereichert ihre Küche mit den Produkten des Jesuitengartens. Ein besonderer Schatz ist für sie die violette Gartenmelde, die sie ganzjährig verwendet.

Die Autorin und Martha Zach bei einem Gartengespräch. (Foto: J. Korber)

Wenig Unkraut durch regelmäßiges Mulchen

Die gesamte Fläche der Terrassen beträgt 500 m². Keine geringe Aufgabe, noch dazu, wenn sie teilweise auch ehrenamtlich geleistet wird. Die Gartenpflege wird daher besonders effizient gestaltet. Dennoch sind es an die 300 Arbeitsstunden, die für die Gartenarbeit benötigt werden.

Vor allem im Frühjahr und Herbst fallen die meisten Stunden an. Martha Zach wird in der Pflege dann auch von zwei bis drei Helferinnen unterstützt.

Um den Unkrautdruck nun möglichst gering zu halten, wird der offene Boden nach der Einsaat und Pflanzung ständig leicht gemulcht. Dazu verwendet Frau Zach Rasenschnitt: Damit der Rasenschnitt nicht fault, wird er regelmäßig – aber nur dünn – aufgetragen (etwa 2 cm). Vor dem Auftragen wird der Boden gehackt oder mit dem Sauzahn bearbeitet. Gemulcht wird nur auf gelockertem Boden. Wenn die Bodenoberfläche nach starken Regengüssen oder längerer Trockenheit hart geworden ist, wird immer zuerst gelockert.

Durch das regelmäßige Mulchen hält der Boden die Feuchtigkeit viel besser, daher wird im Sommer gar nicht mehr gegossen. Martha Zach ist davon überzeugt, dass die Pflanzen durch das reduzierte Gießen kräftiger und stärker werden. Eine Ausnahme stellt natürlich die Zeit der Pflanzung und Einsaat dar. In dieser Periode werden die Pflanzen gegossen, wenn es länger trocken ist.

Zwischen Salat und Kohlrabi wird locker mit Rasenschnitt gemulcht; das bewahrt die Bodenfeuchtigkeit. (Foto: J. Korber)

Fruchtwechsel mit Beetkultur

Aufwendige Mischkulturplanung ist im Jesuitengarten nicht nötig. Der Garten ist in Beete unterteilt, in jedem Beet wird meistens nur eine Pflanzenart angebaut, manchmal allerdings mit zwei aufeinanderfolgenden Kulturen. Martha Zach wechselt dann jährlich die Beete für die unterschiedlichen Kulturen und achtet darauf, dass die Starkzehrer, wie das Spitzkraut, nach den Hülsenfrüchten auf die Beete kommen. Gründüngung sorgt zusätzlich zur Bodenverbesserung. Im Herbst wird Gelbsenf oder Phacelia als Gründüngung angebaut, wo es möglich ist.

Ein zusätzlicher kleiner Garten, etwas entfernt und höher gelegen, wird hauptsächlich mit Kartoffeln angebaut. Da der Jesuitengarten im Herbst schon früh beschattet ist, hatte sich dort die Kraut- und Knollenfäule ausgebreitet. Mittlerweile gedeihen die Kartoffeln nun schon seit drei

Jahren auf dem gleichen Platz, allerdings mit Kompost- und Mistgaben unterstützt.

Der Kompost wird aus den Gartenabfällen hergestellt, besonders wichtig ist Martha Zach, dass der Kompost immer wieder gut mit Gesteinsmehl versorgt wird. Tiermist wird nur selten verwendet. Wenn die Bäuerin einmal eine kleine Fuhre erhält, dann wird der Mist mit etwas Erde bestreut, mit Grasschnitt abgedeckt, um Unkräuter abzuhalten, und für zwei Jahre gelagert.

Keine Schneckenplage

Im Jesuitengarten gibt es keine größeren Schäden durch Schneckenbefall, und das, obwohl in der Umgebung viele Schnecken vorkommen. Auffällig ist, dass unzählige Weinbergschnecken die Steinmauern bewohnen. Sie machen keinen Schaden im Garten, fressen im Gegenteil die Eigelege der anderen Schnecken. Durch die streng biologische Wirtschaftsweise, den Verzicht auf frischen Mist (der Schnecken stark anlockt) und das Säubern im Herbst, wobei alle Versteckmöglichkeiten der Schnecken (vor allem herumliegende Bretter) weggeräumt werden, wird der Garten schneckenfrei gehalten.

Alte Sorten

Martha Zach liegen besonders die alten Gemüsesorten am Herzen. Pflanzen wie die Gartenmelde sind für sie wahre Gartenschätze. Die Melde sät sich gern selbst aus und lässt sich leicht über Samen vermehren. Sie wird nicht von Schnecken gefressen. Die Blätter sind jung als Beigaben für Salate, später für gekochte Gemüsegerichte zu verwenden. Die Melde kann bei regelmäßigem Rückschnitt laufend beerntet werden, und sie sieht sehr hübsch aus. Die violettrote Form, die im Jesuitengarten kultiviert wird, ist ein Blickfang nicht nur im Garten, sondern auch im Salat.

Dass viel altes Gartenwissen mit den alten Sorten verloren gegangen ist, findet Martha Zach sehr bedauerlich. Durch die Kultivierung eignet sie sich das Wissen nach und nach an. Bei Mai- und Herbstrüben hat sie schon festgestellt, dass sie nicht überständig sein dürfen, sie müssen frisch und gerade erntereif sein, dann schmecken sie am besten.

Noch vieles gäbe es über Haferwurzel, Puffbohne, Spargelsalat oder den Guten Heinrich zu erzählen. Bei Führungen wird das Wissen um Verwendung und Anbau dieser Sorten weitergegeben, und dazu gibt es Kostproben aus der Küche von Agnes Lemmerer.

Der Garten – ein Kraftplatz

Für Martha Zach ist der Garten ein Kraftplatz. Sie spürt das immer wieder deutlich bei der Gartenarbeit. Der Garten hat durch seine grauen Steinmauern, die das steile Gelände so harmonisch gliedern, einen ganz besonderen Charakter. Ruhe und Kraft gehen von diesem Ort aus. Im Gegensatz zu den Steinmauern sind die Pflanzen voller Leben und Frische. Sie laden ein zum Riechen, Berühren und Kosten.

Die violette Melde wächst im Jesuitengarten. (Foto: J. Korber)

Gemüsearten aus dem bäuerlichen Garten

Aubergine (Melanzani)

Anbau Ab März in Töpfen vorziehen, die Samen brauchen 24–32 °C zur Keimung; ab Mai auspflanzen; bei Temperaturen von mindestens 18 °C in nährstoffreiche Erde an einen geschützten Platz setzen. Die Temperaturen dürfen nicht unter 13 °C fallen, ein Anbau im Glashaus oder Frühbeetkasten garantiert genügend Wärme.
Erfahrungen aus den Bauerngärten Stängel wie bei Tomaten aufbinden.

Buschbohne

Anbau Ab Ende April, Anfang Mai, wenn der Boden gut erwärmt ist, wird in Reihen ausgesät, und zwar in Abständen von etwa 12 cm in der Reihe und 40 cm zwischen den Reihen. Bohnen benötigen warme, auch etwas trockene Bedingungen, mit viel Sonne, aber keine frisch gedüngten Böden.
Erfahrungen aus den Bauerngärten 24 Stunden in Wasser eingeweichte Bohnen keimen schneller. Die Samen sollten nicht tiefer als 2 cm gelegt werden, denn Bohnen wollen „die Glocken läuten hören". Bohnen vertragen Holzasche nicht gut. Ständiges Ernten erhöht die Produktivität; sobald die Samen ausreifen, geht die Bildung neuer Schoten zurück. Bohnen können leicht selbst vermehrt werden.

Stangenbohne

Anbau Jeweils vier bis acht Samen legt man rund um eine Kletterhilfe (zum Beispiel Bambusstangen). Stangenbohnen können auch an Sonnenblumen, Zäunen oder Hauswänden hochgezogen werden.
Erfahrungen aus den Bauerngärten Stangenbohnen sind etwas nährstoffbedürftiger als Buschbohnen, es sollte etwas Kompost eingearbeitet werden.

Feuerbohne

Anbau Feuerbohnen sind etwas weniger frostempfindlich und können ab Ende April gesät werden. Sie werden traditionell gemeinsam mit Mais angebaut. Für optimalen Ertrag ist die Methode nur bedingt zu empfehlen.

Erfahrungen aus den Bauerngärten Die Schoten können nur ganz jung gegessen werden; die getrockneten Bohnen sind sehr wohlschmeckend.

Puffbohne, auch Dicke Bohne oder Saubohne genannt

Anbau Puffbohnen sind anspruchslos und nicht frostempfindlich und können ab Februar 5 cm tief in Abständen von 15 cm gesät werden.

Erfahrungen aus den Bauerngärten Puffbohnen vertragen eine Mulchschicht gut; bei Befall der Schwarzen Bohnenlaus werden die Spitzen ausgekniffen; eventuell in Mischkultur mit Kartoffeln pflanzen.

Blumenkohl (Karfiol)

Anbau Ab März im Frühbeet, ab April im Freiland anbauen, während der heißen Sommermonate ist eine Kultivierung schwieriger.

Umgesetzt wird, wenn die Pflanzen etwa 15 cm groß sind. In Abständen von 40–50 cm auspflanzen und gut mit Kompost versorgen; regelmäßig gießen.

Erfahrungen aus den Bauerngärten Blumenkohl sollte ungestört wachsen können, nährstoffreicher Boden und gute Wasserversorgung bei kühlen Temperaturen (optimale Wachstumsbedingungen bei 16–20 °C) sind ideal. Blumenkohl benötigt sehr viele Nährstoffe.

Die weißen Röschen sollten vor Sonnenstrahlen geschützt werden, indem man die Blätter zusammenbindet.

Brokkoli

Anbau Ab März im Frühbeet, ab April im Freiland, keimt ab 10 °C; gut mit Kompost versorgen. Brokkoli benötigt kühle Temperaturen, nicht über 18,5 °C, daher sind Frühjahrs- oder Herbstpflanzungen erfolgreicher.

Erfahrungen aus den Bauerngärten Den Hauptspross bei der ersten Ernte tief abschneiden, dann bilden sich drei bis vier Seitensprossen, die weiter beerntet werden können. Wenn sich die ersten Blüten entwickeln, sollten sie rasch abgeschnitten werden, regelmäßiges Ernten und Schneiden bringt kontinuierlich weitere kleine Köpfe. Enge Pflanzung (30 cm Abstand) bringt kleinere Köpfe, aber insgesamt einen höheren Ertrag. Normaler Pflanzabstand ist 40 cm.

Chinakohl

Anbau Chinakohl wird ab Juni für eine Herbsternte angebaut. Direktsaat oder Jungpflanzen setzen, auf 40 cm Abstand achten, mulchen und mit Kompost versorgen. Chinakohl benötigt humusreiche, feuchte und nährstoffhaltige Erde sowie kühle Temperaturen.

Erfahrungen aus den Bauerngärten Zu dicht gesetzte Pflanzen faulen leicht.

Endivie

Anbau Für die Herbsternte ab Juni ansäen oder pflanzen; im Abstand von 30 cm ausdünnen, mit Kompost versorgen.
Erfahrungen aus den Bauerngärten Bei trockenem Wetter können die Köpfe zusammengebunden und gebleicht werden; ungebleichte grüne Endivien sind etwas bitterer, aber gesünder.

Erbse

Anbau von Markerbsen Ab April Direktsaat in Reihen; die Erbsen 2–3 cm tief legen, sie können dicht stehen (alle 4–6 cm); hohe Sorten brauchen eine Rankhilfe. Mulchen vertragen sie gut, während der Blüte und Fruchtbildung brauchen sie genügend Feuchtigkeit.

Zuckererbsen sind in der Verarbeitung nicht so arbeitsaufwendig wie Markerbsen, da sie mit Hülse verzehrt werden. (Foto: Floramedia)

Erfahrungen aus den Bauerngärten Etwas Holzasche in der Saatrille verhindert Fäulnis. Erbsen werden mit reich verästeltem Reisig (zum Beispiel Haselzweige) gestützt. Die Zweige steckt man vor der Saat.

Erbsen-Einmaleins

Markerbsen sind zum Frischverzehr und nicht zum Trocknen geeignet. Palerbsen haben ein glattes Korn, einen mehligen Geschmack und sind zum Trocknen für Erbsensuppen geeignet. Zuckererbsen, auch Zuckerschoten genannt, können mit den Schoten gegessen werden und sind eine besondere Delikatesse. Sie sind etwas kälteempfindlicher, daher erst ab April aussäen.

Feldsalat

Anbau Von März bis April, von Juli bis Ende August wird Direktsaat durchgeführt, weil Feldsalat ein Dunkelkeimer ist; 1 cm tief säen, auf 10 cm ausdünnen. Feldsalat benötigt humusreiche, feuchte Böden, günstig ist wenig Unkrautdruck; ist frostverträglich bis zu –15 °C.
Erfahrungen aus den Bauerngärtenn Als Vor- und Zwischenkultur im Frühjahr geeignet. Im Frühbeet kann der Feldsalat noch bis November ausgesät werden.

Feldsalat ist typisch für den bäuerlichen Gemüsegarten. Milde Winter überdauert er und kann dann noch im frühen Frühjahr beerntet werden. (Foto: Floramedia)

Gartenmelde

Anbau Gartenmelde wird am besten direkt gesät. Wenn Samenstände stehen gelassen werden, sät sie sich selbst aus. Eine Aussaat ist ab März möglich, bis Ende August kann nachgesät werden.

Erfahrungen aus den Bauerngärten Junge Blätter regelmäßig pflücken oder die ganze Pflanze schneiden; ab der Blüte werden die Blätter zäher, sind aber dann auch noch für Spinat zu verwenden. Kurz vor der Blüte zurückgeschnittene Pflanzen treiben nochmals aus und können weiter beerntet werden. Rote und violette Sorten sind eine attraktive Bereicherung von Salaten. Die Gartenmelde wird nicht von Schnecken gefressen und ist problemlos zu kultivieren.

Gurke

Anbau Optimale Keimung bei hohen Temperaturen bis 32 °C, nach der Keimung kann die Temperatur auf 18–24 °C sinken. In Töpfen ab April vorkultivieren, im Freiland ab Mai säen; im Abstand von 30 cm pflanzen, gut mit Kompost versorgen und gießen. Gurken benötigen feuchte, warme Bedingungen.

Erfahrungen aus den Bauerngärten Samen in feuchten Sägespänen vorkeimen; Pflanzung auf einem Hügel, der mit Pferdemist oder Kompost angereichert wurde, bringt genügend Bodenwärme.

Karotte

Anbau Ab Februar/März direkt ins Freiland dünn aussäen; Karotten haben eine lange Keimdauer von drei bis vier Wochen; den feinen Samen mit Erde bedecken, in trockenen Regionen sogar bis zu 2 cm tief säen; im Keimstadium die Reihen oder Beete unkrautfrei halten, Saat auf kleinen Dämmen verbessert die Wachstumsbedingungen. Karotten brauchen einen tiefgründigen, besonders durchlässigen, dafür aber nicht stark gedüngten Boden; bei kühlen Bedingungen entwickeln sich die Wurzeln besser.

Erfahrungen aus den Bauerngärten Karotten in feuchtem Sand vorkeimen und mit Kaffeesud düngen, das bringt gute Ernten. Extrem lange Sorten nur für sandige Böden auswählen, für mittelschwere Böden sind zylindrisch geformte Sorten besser. In Mischkultur mit Zwiebeln anbauen.

Kartoffel

Anbau Saatkartoffeln in der Größe von Eiern werden ab April gelegt. Wenn sie schon zu keimen beginnen, ist dies von Vorteil; zu lange Sprossen müssen aber gekürzt werden, da sie sonst abbrechen. Die Knollen werden 7–10 cm tief in Abständen von 30 cm in die Erde gelegt und angehäufelt, wenn die ersten Blätter erscheinen. Das Anhäufeln schützt auch vor Spätfrösten. Kartoffeln benötigen tiefgründige, reichhaltige Erde, Mulchen und Holzasche werden gut vertragen. Nach der Blüte benötigen Kartoffeln genügend Feuchtigkeit.

Kartoffeln waren früher als Gesundungsfrucht ein Bestandteil der Dreifelderwirtschaft. (Foto: Alexander Blinov)

Erfahrungen aus den Bauerngärten Kartoffeln können auch in Mulch gezogen werden, ohne die Erde umzugraben. Dazu legt man sie auf den Boden und bedeckt sie mit etwas Kompost und einer 20 cm dicken Mulchschicht. Das Material muss mehrmals erneuert werden.

Gourmet-Kartoffeln

In früheren Zeiten gab es viele verschiedene Kartoffelsorten, die auf den Bauernhöfen angebaut wurden, und zwar nicht nur im Garten, sondern auch auf dem Feld. Neuere Züchtungen haben höhere Erträge für die Bauern gebracht, dabei gingen jedoch viele alte Sorten verloren. Heute sind gerade die alten Sorten wieder in Mode gekommen. Zum Beispiel Bamberger Hörnchen, Blue Salad, Hansa sind Sorten mit überaus gutem Geschmack, die im Garten unbedingt ausprobiert werden sollten. Kartoffeln sind gut für den Boden und wenig pflegeaufwendig.

Knoblauch

Anbau Im Herbst oder Frühjahr steckt man die einzelnen Zehen 4–5 cm tief in die Erde; Knoblauch braucht kein eigenes Beet und kann überall als Mischkultur gesteckt werden. Er benötigt durchlässige, nicht zu stark gedüngte Böden.

Erfahrungen aus den Bauerngärten Knoblauch soll in den Beeten die Wühlmäuse vertreiben. In Mischkultur mit Erdbeeren anbauen.

Knollenfenchel

Anbau Ab April bis Mai, dann wieder ab Juli Direktsaat oder Vorkultur; im Abstand von 20 cm ausdünnen oder auspflanzen, anhäufeln und mulchen.
Erfahrungen aus den Bauerngärten Knollenfenchel bevorzugt humusreiche, feuchte Erde und kühle Temperaturen.

Kohl

Anbau Kohl wird am besten ab Mai für den Herbstanbau angesät; Pflanzen im Abstand von 40 cm setzen, mit Kompost versorgen und mulchen. Kohl braucht gut mit Kompost und Nährstoffen versorgte Beete.
Erfahrungen aus den Bauerngärten Der Geschmack verbessert sich nach leichtem Frost. Es gibt Kopfkohl- oder Blattkohlsorten. Blattkohl sieht auch sehr hübsch in Blumenbeeten aus.

Kohlrabi

Anbau Kohlrabi kann ab März ins Frühbeet, ab April ins Freiland gesät werden, ein zweiter Anbau für den Herbst ist ab Mai möglich; die Pflanzen im Abstand von 15 cm setzen und regelmäßig gießen. Kohlrabi benötigt reichhaltige Erde mit viel Kompost und verträgt keine Trockenperioden; er gedeiht besser bei kühlen Temperaturen.
Erfahrungen aus den Bauerngärten Auch die Herzblätter des Kohlrabi können gegessen werden.

Kraut, Weiß- und Rotkraut

Anbau Ab März in Töpfen oder im Frühbeet vorziehen, danach können monatlich Folgesaaten gemacht werden. Jungpflanzen im Abstand von 40 cm setzen, anhäufeln, Mulchen und mit Kompost versorgen. Kraut benötigt nährstoffreiche, tiefgründige Böden und kühle Temperaturen unter 18 °C.
Erfahrungen aus den Bauerngärten Frischer Mist oder Mineraldünger schaden dem Geschmack.

Kürbis

Anbau Ab April vorziehen, ab Mai auspflanzen; im Abstand von 50–100 cm auspflanzen, regelmäßig gießen, mulchen. Kürbis benötigt warme, nährstoffreiche, gut mit Feuchtigkeit versorgte Böden.
Erfahrungen aus den Bauerngärten Man kann Kürbisse auch an Rankgerüsten klettern lassen. Liegen die Früchte auf der Erde, muss man darauf achten, dass sie nicht faulen; eventuell auf Holzbretter legen.

Lauch

Anbau Ab Februar/März in Töpfen vorziehen, ab April im Freiland aussäen; auspflanzen, wenn die Setzlinge etwa 15 cm hoch sind. Dazu hebt man einen Graben von 15 cm aus; nach der Pflanzung den Graben langsam mit Erde anfüllen, die Erde soll nicht über die neu entstehenden Blätter reichen. 15–20 cm Pflanzabstand in der Reihe muss eingehalten werden. Lauch benötigt humusreiche, tiefgründige und feuchte Böden.

Erfahrungen aus den Bauerngärten Lässt man den Lauch überwintern, so bilden sich an den Wurzeln Perlzwiebeln, die sehr delikat sind.

Mais

Anbau Ab Mai Direktsaat, die Bodentemperatur darf nicht unter 10 °C liegen, am besten ist für den Mais eine Temperatur von 16 °C; in Gruppen pflanzen, auf 15 cm ausdünnen, mit Kompost versorgen. Mais braucht nährstoffreiche und warme Böden.

Erfahrungen aus den Bauerngärten Mais kann in kühleren Regionen auch vorgezogen und umgepflanzt werden.

Mangold gibt es mit weißen, gelben und roten Stielen. Das Gemüse kann man auch im Ziergarten entdecken. (Foto: K. Hochegger)

Mangold

Anbau Ab April Direktsaat in Reihen, auf einen Abstand von 20 cm ausdünnen, feucht halten. Mangold benötigt eher nährstoffreiche Erde mit viel organischem Material.

Erfahrungen aus den Bauerngärten Man unterscheidet zwar Stiel- und Blattmangold, es können aber von beiden Sorten Stiele und Blätter gegessen werden. Rotblättrige Sorten sind besonders dekorativ.

Paprika

Anbau Ab März in Töpfen vorziehen, Samen keimen am schnellsten bei 27–29 °C; ab Mai auspflanzen, etwas tiefer einsetzen; Paprika bevorzugt sonnige, warme Lagen, braucht volle Sonne und genügend Feuchtigkeit.
Erfahrungen aus den Bauerngärtenn Paprika ist in Bezug auf die Nährstoffe eher anspruchslos.

Pastinake

Anbau Ab April direkt ins Freiland; Samen eher dicht aussäen, da Pastinaken nicht sehr keimwillig sind; den Samen nicht tief eingraben, nur oberflächlich andrücken; Pastinaken haben eine Keimdauer von drei bis vier Wochen; auf 10 cm ausdünnen, Unkrautdruck minimal halten. Pastinaken brauchen einen tiefgründigen Boden, sie wachsen langsam.
Erfahrungen aus den Bauerngärten In milden Regionen kann die Pastinake im Beet überwintern und von dort immer frisch geerntet werden.

Radieschen

Anbau Ende Februar bis Anfang September direkt ins Freiland oder Frühbeet säen, dabei alle 3–6 cm ein Korn legen, genügend gießen; Radieschen bevorzugen lockere Böden und kühle, feuchte Bedingungen. Die Schärfe hängt neben der Sorte auch von Boden und Wasserversorgung ab.
Erfahrungen aus den Bauerngärten Radieschen sind ideal als Vor- oder Zwischenkultur von Salat und als Markiersaat, da sie schneller aufgehen als Salat und so die Reihen anzeigen.

Rettich

Anbau Ende Juni bis August Direktsaat im Freiland; alle 6–12 cm ein Korn legen, genügend gießen. Rettich benötigt tiefgründigen, lockeren Boden und kühle, feuchte Bedingungen.
Erfahrungen aus den Bauerngärten Bei guter Wasserversorgung bleibt die Wurzel zarter.

Rosenkohl, Brüsseler Kohl

Anbau April bis Mai in Töpfen vorkultivieren oder direkt aussäen. Pflanzungen sind von Mai bis Juni möglich; tief pflanzen, damit sie später nicht „kopflastig" werden. 40–50 cm Abstand zwischen den Setzlingen lassen. Rosenkohl benötigt gut mit Kompost versorgte Böden und kühle Bedingungen unter 18 °C.
Erfahrungen aus den Bauerngärten Um einen guten Geschmack zu entwickeln, ist leichter Frost nötig.

Rote Rübe

Anbau Ab April möglich. Zur Beschleunigung der Keimung die Samen ein bis zwei Stunden in Regenwasser einweichen; die Samen brauchen guten Erdkontakt; nach der

Bei Roten Rüben werden die Blätter nicht ganz abgeschnitten, damit sie nicht „zu bluten" beginnen. (Foto: K. Hochegger)

Keimung auf 8 cm verziehen; regelmäßiges Gießen bringt zarte Rüben. Rote Rüben benötigen feuchte, humushaltige Böden.

Erfahrungen aus den Bauerngärten Vorsichtig ernten, damit die Rüben nicht verletzt werden, sonst läuft der rote Saft aus. Junge Blätter können auch dem Salat beigegeben werden.

Rüben, Herbst- und Mairübe

Anbau Mairüben ab März aussäen, sie sind innerhalb von neun Wochen erntereif. Herbstrüben ab Juni bis Mitte August für eine Herbsternte säen; auf 10 cm ausdünnen und den Boden hacken.

Erfahrungen aus den Bauerngärten Herbstrüben sollten nicht zu groß werden, um den besten Geschmack zu erzielen. Als Folgekultur nach Frühkartoffeln anbauen.

Salat

Anbau Ab März in Frühbeete säen oder pflanzen, danach in Etappen den ganzen Sommer über; bei Hitze keimen nur wenige Sorten gut; beim Verpflanzen nicht zu tief setzten, der Wurzelhals muss frei bleiben; genügend wässern. Salat benötigt feuchte, humose Böden und kühle Temperaturen.

Erfahrungen aus den Bauerngärten Sommerliche Hitze und lange Tage begünstigen das Schossen; schossfeste Sorten sind im Handel erhältlich; immer nur wenig Salat in Etappen anbauen; frühe Sorten, Sorten für den Sommer und späte Sorten für den Herbst auswählen. Nach St. Anna, 26. Juli, keinen Salat mehr setzen.

Salatvariationen

Pflücksalat entwickelt statt der Köpfe nur lose Rosetten. Man schneidet immer nur die äußeren Blätter ab, die Herzblätter bleiben stehen. Dadurch sind zahlreiche Ernten möglich.

Römersalat ist auch unter dem Namen Bindesalat bekannt, er bildet große längliche Köpfe und übersteht heiße Perioden ohne auszuwachsen.

Sellerie

Anbau Ab Februar in Saatkistchen aussäen, da Sellerie langsam keimt; die Setzlinge lassen sich gut umpflanzen; ab Mitte Mai bis Mitte Juni im Abstand von 15 cm auspflanzen, nicht zu tief setzen, mulchen. Sellerie benötigt nährstoffreiche, feuchte Erde.
Erfahrungen aus den Bauerngärten Zur Lagerung schneidet man die Blätter ab, da sie der Knolle Feuchtigkeit entziehen.

Spinat

Anbau So früh wie möglich aussäen; eine Aussaat ist schon im Herbst des Vorjahrs möglich; ausdünnen auf 15 cm, mulchen. Spinat benötigt nährstoffreiche, jedoch nicht zu stark stickstoffhaltige, durchlässige Erde. Lange Tage und höhere Temperaturen führen zur Blütenbildung, daher sind Frühjahr- und Herbstaussaaten erfolgreicher.
Erfahrungen aus den Bauerngärten
Junger Spinat kann auch roh als Salat gegessen werden.

Tomate

Anbau Ab März in Töpfen vorziehen; Tomaten keimen optimal bei 20 °C; sehr tief und etwas schräg einsetzen, damit sich mehr Wurzeln bilden, mulchen, mäßig gießen, ein bis drei Triebe hochbinden und weitere Achseltriebe auskneifen. Es soll genug Licht und Luft an die Blätter und Früchte kommen. Tomaten benötigen eine gute Dränage, die Böden sollten gut mit Phosphor versorgt sein; für ein gutes Ausreifen der Frucht ist ein sonniger Platz nötig.
Erfahrungen aus den Bauerngärten Tomaten können einige Jahre auf demselben Platz stehen.

Sellerie lässt sich gut lagern und kann in der Küche vielseitig eingesetzt werden. (Foto: Floramedia)

Zwiebel

Anbau Ab März aussäen oder ab April die haselnussgroßen Steckzwiebeln pflanzen, im Abstand von 10 cm, und nicht zu tief stecken, die obere Spitze der Steckzwiebeln soll aus dem Boden ragen; Pflanzen unkrautfrei halten; ernten, wenn das Laub vergilbt. Die Zwiebelbildung hängt von der Tageslänge ab, daher bringt eine Aussaat ab April keine bauchigen Zwiebeln mehr.
Erfahrungen aus den Bauerngärten Zum besseren Aufgang können Steckzwiebeln in Regenwasser vorgequollen werden.

Zuckerhut

Anbau Von Mai bis August aussäen; für die Entwicklung von Köpfen auf 20 cm vereinzeln. Zuckerhut benötigt nahrhafte, feuchte Böden und kühle Temperaturen.
Erfahrungen aus den Bauerngärten Man kann den Zuckerhut auch als Schnittsalat ziehen.

Zucchini

Anbau Ab April in Töpfen vorkultivieren; Pflanzen im Abstand von 100 cm setzen, gut wässern und mit Kompost versorgen.

Winterheckenzwiebeln sind eine Besonderheit, denn sie können mehrjährig angebaut werden. Man erntet die Schlotten, die Zwiebeln selbst verbleiben in der Erde. (Foto: H. Pirker)

Die Zucchinisorte Rondini sieht schön aus und schmeckt gut. (Foto: Floramedia)

Zucchini benötigen nährstoffreiche, feuchte Böden und warme Temperaturen.

Erfahrungen aus den Bauerngärten Junge Früchte sind zarter im Geschmack, häufiges Pflücken erhöht den Ertrag.

Plagegeister im Bauerngarten

In den meisten Bauerngärten sind Krankheiten und Schädlinge selten ein Problem oder ein Thema. Nur Schnecken, Blattläuse und Wühlmäuse zählen zu den echten Plagegeistern. Die Erklärung liegt vielleicht darin, dass Bäuerinnen ihren Garten mit viel Wissen und Einsatz betreiben und somit auch Schädlingsbefall und Krankheiten vorbeugen. Oft ist auch der Bauernhof mit Hühnern, Enten, Obstbäumen und Wiesen ein sehr vielfältiger Ort, wo viele Nützlinge einen Lebensraum finden.

Unbeliebt: Schnecken

Kein anderer Schädling hat die Gartenbaupraxis mancher Gebiete so stark beeinflusst wie die Spanische Wegschnecke. Erzählungen aus der Zeit der Gartenwirtschaft vor der Verbreitung dieser 8–12 cm langen Nacktschnecke klingen wie Gartenmärchen. Für viele Bäuerinnen war die Schneckenplage ein Grund, den Gartenbau drastisch zu verändern oder gar zu beenden.

Mit einem Hühnerhof samt Hahn ist die Bekämpfung von Schnecken einfach. (Foto: J. Korber)

Tipps von Bäuerinnen zur Schneckenbekämpfung

Das Absammeln der Schnecken am Morgen wird von den meisten Bäuerinnen praktiziert. Die Schnecken werden dann vernichtet, wobei das Einlegen in kochendes Wasser als schnelle Tötungsmethode gilt. Die getöteten Schnecken müssen allerdings entsorgt werden, besser nicht in Gartennähe, sie würden wiederum Schnecken anlocken. Das gilt auch für zerschnittene oder zertretene Exemplare. Da diese Praktiken niemandem Freude bereiten, gibt es in vielen Bauerngärten tierische Helfer wie Indische Laufenten oder Hühner. Erstere fressen die Schnecken, Letztere stöbern die Schneckeneier auf.

Erfolg versprechende Abwehrmaßnahmen

- Schneckenzäune, beispielsweise an Hochbeeten angebracht, halten die Schnecken nachhaltig ab.
- Rund um den Gemüsegarten das Gras kurz halten.
- Nur morgens gießen.
- Für möglichst wenig Versteckmöglichkeiten sorgen. Alle Holzelemente im Herbst wegräumen, keine Bretter lagern.
- Kaffeesud, Asche, Kalk, Sägespäne halten bei trockenem Wetter Schnecken ab.
- Kupfer soll eine abschreckende Wirkung haben.
- Barrieren aus Kräutern bilden (Thymian, Lavendel).
- Nützlinge fördern: Igel, Frösche, Kröten und andere Amphibien, Amseln und andere Vögel fressen Schneckeneier, auch die Weinbergschnecke soll die Eigelege der Spanischen Wegschnecke fressen.

Blattläuse

Blattläuse ernähren sich von Pflanzensäften und schwächen dadurch die Pflanzen. Überdüngte Böden und Trockenheit verstärken den Blattlausbefall. Hilfreich sind ein mehrmaliges Abspritzen mit scharfem Wasserstrahl, das Ausbrechen befallener Triebe und das Bestäuben mit Steinmehl.

Es gibt außerdem Nützlinge, die einen Blattlausbefall in Grenzen halten können: Marienkäfer und ihre Larven, Schwebfliegenlarven, Florfliegen und ihre Larven, Schlupfwespenlarven, Blattlausfliegen, Raupenfliegen, Raubwanzen, Laufkäfer, Weichkäfer, Glühwürmchenlarven, Ohrwürmer und nicht zu vergessen Spinnen und Vögel.

Wühlmäuse

Verschwundene Karotten, Maispflanzen, die plötzlich umfallen, oder welkender Salat gehen auf die Große Wühlmaus zurück. Zieht man an den Pflanzen, so sieht man, dass die unterirdischen Teile ganz abgefressen sind.

Tipps von Bäuerinnen zur Wühlmausbekämpfung

Hochbeete oder Frühbeete mit einem engmaschigen Gitter auslegen.

Schräg eingegrabene Flaschen, die bei Wind pfeifende Geräusche erzeugen, Windräder oder andere Lärm erzeugende Dinge sollen Wühlmäuse vertreiben.

Die Zweige von Dornen tragenden Sträuchern unter gefährdete Kulturen oder in Gänge stecken. (Auch das Eingraben von Glasscherben soll helfen, ist aber auch für den Gärtner gefährlich.) Die Wühlmäuse stoßen bei ihrer Grabetätigkeit auf die Dornen, und das dürfte sie vergrämen.

Auch Katzen helfen bei der Wühlmausbekämpfung. Eine Bäuerin berichtet, dass Katze und Hund gemeinsam Jagd auf Wühlmäuse in ihrem Garten machen.

Wühlmäuse sollten nicht mit den nützlichen Maulwürfen verwechselt werden. Maulwurfshügel sind viel höher als die Erdhaufen der Wühlmäuse. Sie enthalten keine Pflanzenteile und sind meist halbkugelig gebaut. Maulwurfshügel sind zu jeder Jahreszeit anzutreffen, während die Erdhaufen der Großen Wühlmaus erst im Herbst auffällig sind. Der Maulwurf ernährt sich nur von Insekten, Schnecken und Larven und gehört zu den Nützlingen, die im Garten geschont und gefördert werden sollten.

Kraut- und Knollenfäule

Diese Pilzkrankheit tritt bei feuchter Witterung an Kartoffeln und Tomaten auf, und auch Bäuerinnen haben in ihren Gärten damit zu kämpfen. Es werden zuerst ältere Blätter, später auch die Früchte befallen, erkennbar durch braune Flecken, die sich an der Blattunterseite und an den Früchten ausbreiten. Die Verwendung von Gesteinsmehl (Rollen der Kartoffeln in Gesteinsmehl vor dem Legen) beugt dem Befall vor. Bei intensivem Befall muss für vier Jahre ein Fruchtfolgewechsel eingehalten werden. Erst danach kann man wieder Kartoffeln anbauen.

Tomaten sollten vor Regen geschützt werden und trocken stehen.

Ernte und Lagerung

(Foto: Ingo Bartussek, fotolia)

Aus dem Vollen schöpfen

Nach der ersten heiß ersehnten Ernte von Radieschen, Salat oder Kohlrabi im Frühjahr gibt es im Lauf des Sommers immer wieder viel zu ernten. Erbsen fallen meist in größeren Mengen an, ebenso Buschbohnen. Auch Zucchini oder Gurken können uns mit ihrer rasanten Produktion überraschen. Verbrauchen, Einlegen, Herschenken oder Weiterwachsenlassen sind die Alternativen, die sich uns bieten.

Zwiebelzöpfe werden an einem luftigen, trockenen Platz aufgehängt. (Foto: K. Hochegger)

Ernte von frostgefährdetem Gemüse

Zwiebeln zeigen durch das Vergilben ihrer Blätter die Erntereife an. In feuchten Jahren behalten die Blätter jedoch sehr lange ihre grüne Farbe, dann kann man sich auch nach dem Einknicken der Blätter richten, denn das ist ebenfalls ein Zeichen, dass die Zwiebeln erntefähig sind. Die Schale sollte sich ebenfalls schon gut verfärbt haben. Ein sonniger, trockener Tag ist für die Ernte vorteilhaft, denn die Zwiebeln müssen in der Sonne nachtrocknen. Auf Bauernhöfen werden häufig noch Zwiebelzöpfe gewunden und aufgehängt. Dabei wird das Zwiebellaub zu dicken Zöpfen verflochten. An die 20 Zwiebeln passen auf einen Zopf, der dann beliebig zur Trocknung und Lagerung aufgehängt werden kann. Ein trockener, dunkler Raum mit maximal 10 °C ist ideal für die spätere Lagerung.

Gurken und Zucchini können eine erstaunliche Produktivität entfalten, sodass wir mit dem Ernten kaum nachkommen. Bäuerinnen raten dazu, die Früchte der Zucchini immer schon jung (10–15 cm) zu ernten. Das Fleisch ist dann fester und schmackhafter. Gurken erntet man ebenfalls, bevor die Samen sich bilden. Sie werden im Lauf der Samenentwicklung immer wässriger und manchmal auch bitterer im Geschmack. Auch für die Gurken haben Bäuerinnen einen Erntetipp: Man soll sie nur morgens pflücken, solange es noch kühl ist, damit kann man die Bildung von Bitterstoffen vermeiden.

Gurken können bis zu 14 Tagen gelagert werden, der Raum sollte allerdings nicht zu trocken sein. Im Kühlschrank ist es zu kühl für Gurken, länger als eine Woche können sie dort nicht aufbewahrt werden. Das Gleiche gilt für Zucchini.

Tipp aus dem Bauerngarten:
Zucchini einfrieren
Um Zucchini einzufrieren, werden die Früchte geraspelt, gesalzen und das Wasser ganz ausgedrückt. So werden sie in kleinen Säcken portionsgerecht eingefroren. Achtung: Beim Kochen sparsam salzen.

Buschbohnen haben eine kürzere Vegetationszeit und sind meist schon vor den ersten Frösten abgeerntet. Stangenbohnen hingegen benötigen eine längere Vegetationsperiode und sind oft im Herbst noch voller grüner Hülsen. Diese sind frostempfindlich und sollten rechtzeitig abgeerntet werden. In Essig eingelegt als Fisolensalat sind sie lange haltbar. Fisolen eignen sich auch gut zum Einfrieren. Frische Hülsen sind nicht länger als eine Woche lagerfähig.

Trockenbohnen Für die Gewinnung von Trockenbohnen bleiben die Hülsen so lange wie möglich an den Pflanzen. Sie sollten ganz trocken und pergamentartig sein und die Bohnen ihre sortenspezifische Farbe angenommen haben und harte Scha-

Kindern macht es Spaß, die Kerne der Stangenbohnen aus den Hülsen zu pulen. (Foto: Floramedia)

Die Tomatensorte 'Brown Berry' ist sehr schmackhaft. (Foto Flormedia)

len aufweisen, wenn sie erntereif sind. Oft findet man halb reife Bohnen in den trockenen Schoten, diese sind zur Lagerung nicht geeignet und sollten besser gleich in den Bohnensuppentopf kommen.

Tomaten haben ebenfalls eine lange Vegetationsperiode und kommen manchmal erst im Herbst so richtig in ihre Reifephase. Sehr schnell wird diese aber durch die ersten Fröste zunichte gemacht. Das Abdecken über Nacht (am Tag nicht abdecken, sonst entstehen durch die Feuchtigkeit Krankheiten) kann nur für kurze Zeit die Vegetationsperiode verlängern. Fallen die Temperaturen über längere Zeit unter 12 °C, werden die Reifeprozesse der grünen Tomaten nicht mehr zu einem geschmackvollen Ergebnis führen. Für den typischen Geschmack ist neben den für die Rotfärbung verantwortlichen Carotinoiden die Einlagerung von Zucker und Vitamin C verantwortlich. Für diesen Reifeprozess sind Temperaturen über 12 °C nötig. Ideal sind Temperaturen von 16–30 °C.

Deshalb weisen Tomaten aus dem Supermarkt oft keinen Geschmack auf, denn sie werden grün geerntet und durch Begasung nachgereift. Die Einlagerung von Zucker und Vitamin C ist damit aber unterbrochen worden.

Das Nachreifen von Früchten kann durch das Aufhängen der gesamten Staude an einer warmen Mauer erfolgen. Licht spielt beim Reifungsprozess keine Rolle, wichtig sind Luftfeuchtigkeit und Temperatur. Bäuerinnen raten, zur Nachreifung die Tomaten in Zeitungspapier einzuwickeln. Auf diese Weise wird Äthylengas, das die Früchte beim Reifungsprozess erzeugen, in ihrer Umgebung gehalten, und in wenigen Tagen findet die Reife statt. Wichtig ist es beim Ernten, dass man den Stängel nicht abreißt, sondern abschneidet, ansonsten kann es zu Fäulnis kommen.

Tomaten haltbar machen

Reife Tomaten, in großer Menge geerntet, können zu einer schmackhaften Basissoße verarbeitet werden. Heiß eingefüllt hält die Soße auch ohne Konservierungsstoffe gut.

Ernte von Lagergemüse

Das Einlagern und Verarbeiten der Früchte ist für viele Bäuerinnen der Höhepunkt des Gartenjahrs. Es macht zwar viel Arbeit, doch im Winter bringt jedes eingemachte Glas Gerüche und Erinnerungen an einen erfüllten Gartensommer auf den Tisch.

Nach der Ernte der empfindlichen Kulturen kommen die Lagergemüse an die Reihe. Dazu zählen Kartoffeln und Kürbis sowie die Wurzelgemüse. Diese Gemüse können relativ problemlos über ein bis drei Monate gelagert werden.

Kartoffeln können schon im Sommer geerntet werden. Junge, noch unreife Kartoffeln haben einen besonders guten Geschmack. Mit Butter und Salz serviert – dazu frisch geerntete Erbsen und Salat aus dem Garten – stellen sie eine Gemüsegartenköstlichkeit dar. Für die Einlagerung sollen die Knollen noch etwas ausreifen und erst zwei Wochen nach dem Absterben des Kartoffelkrauts geerntet werden. Für die Ernte verwendet man eine Grabegabel. Alle angestochenen Kartoffeln kommen in die Küche und nicht in den Keller.

Ideale Lagerbedingungen In den meisten modernen Häusern ohne Erdkeller sind ideale Lagerbedingungen nicht leicht zu finden. Die Luftfeuchtigkeit ist meist zu niedrig und die Temperatur zu hoch. Ideal ist eine Lagerung bei 4–10 °C und 95 Prozent Luftfeuchtigkeit. Für ein bis drei Monate können die Bedingungen aber auch ungünstiger sein. Wichtig ist auch eine dunkle Lagerung, die dadurch erzeugt wird, dass man die Kartoffelkiste abdeckt. Andernfalls treiben die Kartoffeln unter Umständen frühzeitig aus, und die Schalen werden grün. Nach etwa fünf bis neun Wochen beginnen zu warm gelagerte Kartoffeln zu keimen, da die Keimhemmungsphase nach diesem Zeitraum beendet ist. Hier kann das Abdunkeln die Lagerphase noch etwas hinauszögern.

Der Kühlschrank ist zu kühl für die Aufbewahrung von Kartoffeln, bei Temperaturen unter 4 °C wird die Stärke nämlich in Zucker umgewandelt, und dies beeinflusst den Geschmack.

Steht kein kühler und gut mit Luftfeuchtigkeit versorgter Erdkeller zur Verfügung, kann man die Bedingungen dadurch verbessern, dass man den Betonfußboden im Keller hin und wieder vorsichtig abbraust, um feuchtere Bedingungen zu schaffen.

Wer Kartoffeln nicht lagern möchte, kann im Sommer regelmäßig nach Bedarf ernten.

Häufig ist nach der Ernte der Lagerkartoffeln keine Zeit mehr, um das Beet nochmals zu bepflanzen. Am besten wird dann eine Gründüngung eingesät (siehe Seite 93). So wird der Boden unkrautfrei gehalten und kann mit einer Vegetationsdecke in den Winter geschickt werden.

Kürbisse sollten so lange wie möglich an den Pflanzen ausreifen. Der Reifungsprozess kann bis zu sechs Wochen dauern. In dieser Zeit wird die Schale härter und die Ausfärbung intensiver. Alle früher geernteten Kürbisse sind nicht gut lagerfähig. Leichte Fröste zerstören das Laub, doch die Früchte nehmen keinen Schaden. Wenn die Blätter abgestorben sind, sollten auch alle Früchte geerntet werden. Bei der Ernte dürfen die Stängel nicht abgerissen werden. Das führt zu Verwundungen, die schnell faulen können.

Kürbisse gibt es in vielen Formen und Farben. Sie sind meist lange haltbar. (Foto: K. Hochegger)

Ernte von Wurzelgemüse

Wurzelgemüse sind nicht ganz so empfindlich gegenüber tiefen Temperaturen. Sie sollten an schönen sonnigen Tagen vor den ersten Bodenfrösten geerntet werden. Zu den Wurzelgemüsen zählen Karotte, Sellerie, Rote Rübe und Pastinake.

Karotten können jederzeit geerntet werden, doch sind sie umso süßer und auch schmackhafter, je länger sie bei kühlen Bodentemperaturen im Boden bleiben. Kühlere Temperaturen bringen besseren Geschmack durch einen erhöhten Zuckergehalt. Erst wenn Bodenfröste zu befürchten sind, sollte die Karottenernte starten. Wichtig bei der Ernte ist das sofortige Einkürzen der grünen Blätter auf etwa 1 cm. Belässt man die Blätter, entziehen sie der Wurzel Feuchtigkeit. In Regionen mit wenig Schnee und leichten Frösten können die Karotten, mit einer dicken Mulchschicht aus Blättern und einer Plastikfolie abgedeckt, überwintern. Wühlmäuse finden allerdings schnell heraus, dass es hier ein winterliches Festessen gibt. Daher funktioniert diese Methode nur in wühlmausfreien Gärten.

Rote Rüben können jederzeit geerntet werden. Auch hier gilt: Das Abschneiden

Rote Rüben lassen sich auch eine gewisse Zeit im Keller lagern. (Foto: Vesna Cvorovic)

der Blätter ist wichtig, um den Knollen nach der Ernte keine Feuchtigkeit mehr zu entziehen. Jüngere Blätter können zum Salat gemischt werden.

Rote Rüben werden von Bäuerinnen zur Haltbarmachung oft eingekocht und später als Salat verwendet.

Sellerieknollen haben eine lange Vegetationszeit und sind ebenfalls vor den ersten Bodenfrösten zu ernten. Das Laub muss abgeschnitten werden, getrocknet kann es als Suppenwürze dienen oder fein gerieben einem Suppenkräutersalz beigegeben werden.

Pastinaken werden bei kühleren Bodentemperaturen süßer und besser im Geschmack. Die Wurzeln der Pastinake sind frosthart und können auch strenge Winter gut im Garten überstehen und in schneearmen Regionen den ganzen Winter über geerntet werden. Achtung, auch hier sind Wühlmäuse manchmal schneller als die Gärtner. Sollen die Pastinaken geerntet werden, kann man sie ebenfalls mit abgeschnittenem Laub, wie andere Wurzelgemüse, lagern.

Lagerung von Wurzelgemüse

Da die Wurzelgemüse den ganzen Winter für die Selbstversorgung wichtig sind, ist die Einlagerung von großer Wichtigkeit. Viele Bäuerinnen haben noch Erdkeller zur Verfügung. Darin ist vor allem das Wurzelgemüse gut aufgehoben. Karotten werden dort in Kübeln gelagert, die mit Erde befüllt sind. Dabei kommt immer eine Schicht Karotten mit einer Schicht Erde (aus dem Garten) in den Kübel. Auf diese Weise bleiben die Wurzeln bis in den Frühling frisch. Eine andere Methode ist die Einlagerung in Holzkisten, die mit Sand gefüllt werden. Die Kisten stehen auf dem Erdboden. Die Karotten werden leicht schräg in den Sand gesteckt, der Ansatz der Blätter sollte sichtbar bleiben, und die Schichten sollten sich nicht berühren. Auch mit dieser Methode gibt es bis ins Frühjahr frische Karotten.

Die Familie der Kohlgewächse

Brokkoli, Kohlrabi und Blumenkohl sind nicht gut lagerfähig. Chinakohl, Grünkohl und Sprossenkohl hingegen zählen zu den Herbst- und Wintergemüsen und können auch bei leichteren Frösten noch im Garten bleiben. Zu den Lagergemüsen zählen die Krautköpfe, die einige Zeit im Keller oder in einem kühlen Raum aufbewahrt werden können.

Von Bäuerinnen empfohlen

Für die Lagerung von Kraut kann man in einschlägigen Werken bestimmte Idealbedingungen nachlesen. Doch auf Bauernhöfen wurden andere Erfahrungen gemacht. Bäuerinnen haben festgestellt, dass der Erdkeller für die Krauteinlagerung zu feucht ist. Wenn das Kohlgemüse in einem gering geheizten Schuppen bei Temperaturen um 10 °C und der Luftfeuchtigkeit, die von draußen hereinkommt, gelagert wird, wird die oberste Schicht der Krautköpfe pergamentartig, darunter aber bleiben die Blätter frisch. Die Köpfe dürfen sich nicht berühren, und es dürfen keine Druckstellen entstehen, denn diese faulen leichter.

Bäuerinnen machen Sauerkraut auch in kleineren Mengen in Einweckgläsern ein. Ideal dafür ist das Spitzkraut, das feine Blätter und einen ausgezeichneten Geschmack aufweist. In einem Einweckglas wird das Kraut schichtenweise fest eingedrückt, vorher mit Salz und Kümmel gemischt und etwas Molke beigegeben. Zuerst wird das Glas offen gelassen und in einem warmen Raum aufgestellt. Wenn keine Blasen mehr aufsteigen (nach etwa zwei Wochen), wird das Glas kühl gestellt und geschlossen. Der Saft sollte immer über dem Kraut stehen. Beim Entnehmen wird auf Sauberkeit geachtet, dann hält das Kraut auch lange.

Herbst- und Wintergemüse

Es gibt einige Gemüsesorten, die praktischerweise auch im Herbst und manchmal sogar über den Winter im Garten bleiben können.

Leichte Fröste vertragen: Chinakohl, Wirsing, Endiviensalat, Zuckerhut, Feldsalat und Lauch.

Auch bei tiefen Temperaturen können Sprossenkohl und Grünkohl sowie die Pastinake im Garten bleiben. Diese beiden Kohlarten profitieren sogar von den tiefen Temperaturen und werden schmackhafter. Das Abdecken mit Vlies gibt den Pflanzen etwas Schutz. Sind die Blätter gefroren, darf erst geerntet werden, wenn die Pflanzen im Lauf des Tages auftauen. Erntet man gefrorene Pflanzen, so werden sie matschig.

Wintergemüse dürfen ab September keinen Dünger mehr erhalten, denn ihr Geschmack und ihre Frosthärte leiden darunter. Steinmehl oder Holzasche hingegen fördern die Frosthärte, und man kann auch Stauden und Rosen im Herbst damit versorgen.

Register

Nützliche Adressen

Reinsaat
A-3572 St. Leonhard
www.reinsaat.at

Bingenheimer Saatgut AG
Kronstr. 24–26
D-61209 Echtzell-Bingenheim
www.bingenheimersaatgut.de

Bio-Saatgut Gaby Krautkrämer
Eulengasse 2
D-55288 Armsheim
www.bio-saatgut.de

Botanik Sämereien
Aemtlerstr. 74
CH-8003 Zürich
www.saemereien.ch

N. L. Chrestensen Erfurter Samen- und Pflanzenzucht
Witterdaer Weg 6
D-99092 Erfurt
www.chrestensen.de

Dreschflegel GbR
In der Aue 1
D-37213 Witzhausen
www.dreschflegel-saatgut.de

Dürr Samen Stephan Schwenk
Bayernstr. 24
D-72768 Reutlingen
www.duerr-samen.de

Bruno Nebelung GmbH
Freckenhorster Str. 32
D-48351 Everswinkel
www.nebelung.de

Mr. Fothergill´s
über Samentraum Gassmann
Alter Pfarrhof, Friedhofstr. 5
D-27321 Wulmstorf
www.samentraum.de

Vereine, Verbände, Beratungsdienste

Arche Noah
Gesellschaft für die Erhaltung
der Nutzpflanzenvielfalt
Obere Straße 40
A-3553 Schiltern
www.arche-noah.at

Gartenakademien in Deutschland
www.gartenakademien.de

Pro Specie Rara
Pfrundweg 14
CH-5000 Aarau
www.prospecierara.ch

Natur im Garten
www.naturimgarten.at

Slow Food Deutschland e. V.
Luisenstr. 45
D-10117 Berlin
www.slowfood.de

VEN
Verein zu Erhaltung
der Nutzpflanzenvielfalt e. V.
Uhlandstr. 57
D-45468 Mühlheim/Ruhr
www.nutzpflanzenvielfalt.de

... mein Landleben

mein Landleben

Markusine Guthjahr

Die bäuerliche Naturapotheke

Das Wissen um die Heilkraft von Kräutern und um Hausmittel war früher weit verbreitet, besonders in ländlichen Gegenden – unsere Großmütter kannten viele „Geheimtipps" gegen allerlei Beschwerden. Die Autorin hat in diesem Buch altes Erfahrungswissen mit neuen Erkenntnissen ergänzt und gibt viele Tipps zur praktischen Anwendung.

ISBN 978-3-8404-2417-6
128 Seiten, farbig, gebunden

Christine Weidenweber

Raritäten im eigenen Garten

Alte Gemüsesorten werden immer beliebter. Sie sind weniger anfällig gegenüber Krankheiten und Schädlingen, robust und leicht zu kultivieren und häufig wahre Pflanzenschätze, die nicht in jedem Garten zu finden sind. Neben Haferwurzel, Pastinake und Steckrübe sind es auch Wildkräuter wie Giersch und Vogelmiere, die wir manchmal sogar ohne unser Zutun im Garten haben.

ISBN 978-3-8404-3014-5
144 Seiten, farbig, broschiert

Axel Gutjahr

Nützlinge im Garten

Die Ansiedlung von Nützlingen im Garten bietet eine gute und vor allem natürliche Alternative zur umstrittenen chemischen Schädlingsbekämpfung. Dieses Buch stellt ausführlich eine große Anzahl nützlicher Tierarten vor und gibt detaillierte Information über Aussehen, Herkunft, Vorkommen und Nahrungsgewohnheiten jeder Art.

ISBN 978-3-86127-672-2
80 Seiten, farbig, broschiert

Yvonne & Werner Lantermann

Vögel im Naturgarten

Dieses Praxisbuch bietet alle Basisinformationen für die Planung, schrittweise Umgestaltung, Pflege und Nutzung eines naturnahen Gartens. Konkrete Bauanleitungen für Nisthilfen und Futterhäuser und Wissenswertes zur richtigen (Winter-)Fütterung ergänzen die Darstellung der häufigsten Gartenvögel als Nutzer von Wildhecken, Teichen, Blumenwiesen und anderen vogelfreundlichen Angeboten im Garten.

ISBN 978-3-86127-080-5
80 Seiten, farbig, broschiert

Karin Hochegger

Zauberhafte Bauerngärten

Ein Bauerngarten ist eine eigene Welt: eine kleine Welt voller grüner Lebendigkeit und bunter Fülle. Eine idyllische Vielfalt auf kleinstem Raum – oft mit einem kunstvollen Zaun begrenzt. Dieses Buch vermittelt eine Vielfalt an kreativen Gestaltungsideen und Wissenswertem um Anbau, Vermehrung und Verwendung von Gemüse, Kräutern und Heilpflanzen. Für alle, die selbst einen solchen Garten anlegen wollen.

ISBN 978-3-8404-3008-4
144 Seiten, farbig, gebunden

CADMOS

Cadmos Verlag GmbH · Möllner Straße 47 · 21493 Schwarzenbek
Tel. 0415 87 90 7 - 0 · Fax 04151 87 90 7 - 12 · www. cadmos.de